O ensino de filosofia

COMO PROBLEMA FILOSÓFICO

Coleção Ensino de Filosofia

Alejandro Cerletti

O ensino de filosofia

COMO PROBLEMA FILOSÓFICO

Tradução

Ingrid Müller Xavier

autêntica

TÍTULO ORIGINAL
La enseñanza de la filosofía como problema filosófico

TRADUÇÃO
Ingrid Müller Xavier

CAPA
Alberto Bittencourt

EDITORAÇÃO ELETRÔNICA
Tales Leon de Marco

REVISÃO
Vera Lúcia De Simoni Castro

EDITORA RESPONSÁVEL
Rejane Dias

Revisado conforme o Novo Acordo Ortográfico.

AUTÊNTICA EDITORA LTDA.
Rua Aimorés, 981, 8º andar. Funcionários
30140-071 . Belo Horizonte . MG
Tel.: (55 31) 3222 68 19
TELEVENDAS: 0800 283 13 22
www.autenticaeditora.com.br

Dados Internacionais de Catalogação na Publicação (CIP)
(Câmara Brasileira do Livro, SP, Brasil)

Cerletti, Alejandro
O ensino de filosofia como problema filosófico / Alejandro Cerletti ; [tradução Ingrid Müller Xavier]. – Belo Horizonte : Autêntica Editora, 2009. – (Ensino de Filosofia)

Título original: La enseñanza de la filosofia como problema filosófico.
Bibliografia.
ISBN 978-85-7526-398-3

1. Filosofia - Estudo e ensino I. Título. II. Série.

09-07481 CDD-107

Índices para catálogo sistemático:
1. Filosofia : Estudo e ensino 107

Sumário

Introdução 7

I. Que é ensinar filosofia?....................................11

II. O perguntar filosófico e a
atitude filosófica 23

III. Repetição e criação na filosofia
e em seu ensino..31

IV. Por que ensinar filosofia....................................41

V. A formação docente:
entre professores e filósofos 55

VI. Ensino de filosofia, instituições educativas e Estado 65

VII. Em direção a uma didática filosófica 77

Conclusões 89

Referências 97

Introdução

Há uma demanda usual em relação à formação docente – certamente comum a quase todas as disciplinas – que poderia ser circunscrita, de maneira simplificada, em alguns tópicos: "necessito 'ferramentas' para dar aula", "quero 'instrumentos' para poder ensinar", ou até, em alguns casos, "eu já aprendi os conhecimentos básicos de minha especialidade, agora o que preciso é aprender a ensiná-la", etc. Ainda que a preocupação seja legítima, já que um professor vai ensinar, os supostos que estão por trás dessas demandas mereceriam uma análise detalhada. Ainda, com mais razão, se quem vai ensinar ensinará filosofia.

Poderíamos perguntar-nos, antes de mais nada, se é realmente possível ensinar filosofia sem uma intervenção *filosófica* sobre os conteúdos e as formas de transmissão dos "saberes filosóficos"; ou sem responder, univocamente, que é filosofia? Ou também sem se colocar que tipo de análise social, institucional ou filosófico-político do contexto é requerido; ou as condições sob as quais se levará adiante esse ensino. É evidente que não é o mesmo "dar aulas" de filosofia em uma escola de uma zona socialmente muito castigada da periferia suburbana do que em um colégio urbano de classe alta ou em uma escola rural do interior do País, ou na universidade para alunos que não cursam filosofia ou em uma graduação em filosofia, etc. Não porque consideremos que há circunstâncias nas quais é possível ensinar melhor do que em outras, mas porque, em função desses contextos, não será o mesmo em cada caso o que se pode – ou se deve – fazer em nome da filosofia.

Tampouco é o mesmo ensino segundo quem seja o que ensina. E nisso influem desde os conhecimentos filosóficos e pedagógicos que se possui até o tipo de vínculo que aquele que ensina mantém com a filosofia e com o ensino. Por exemplo, será diferente que alguém tenha tido uma formação inicial fortemente filosófica e pouco atenta à didática do que, o caso contrário, em que a formação tenha acentuado mais a perspectiva didática do que os conteúdos filosóficos. Haverá diferenças entre aquele que assume que a filosofia é uma "forma de vida" e o que a considera um campo técnico profissional como qualquer outro, etc. De todo modo, o ponto de partida e os supostos filosóficos e pedagógicos são diferentes, e isso faz com que se estabeleçam vínculos distintos com o filosofar e o ensinar.

Esse panorama muito superficial, que poderia ser completado com muitas outras condições ou pressupostos, revela que não haveria procedimentos eficazes para ensinar filosofia em qualquer circunstância e reconhecíveis de antemão, mas que o ensino da filosofia implica uma atualização cotidiana de múltiplos elementos, que envolvem de maneira singular seus protagonistas (professores e estudantes), a filosofia posta em jogo e o contexto em que esse ensino tem lugar. Como consequência, sustentaremos – e esta será a tese central do livro – que o ensino da filosofia é, basicamente, uma construção subjetiva, apoiada em uma série de elementos objetivos e conjunturais. Um bom professor ou uma boa professora de filosofia será aquele que possa levar adiante, de forma ativa e criativa, essa construção.

Ensinar implica assumir um compromisso e uma responsabilidade muito grandes. Um bom docente será alguém que se situa à altura dessa responsabilidade e problematiza, sempre, que é o que ele ou ela realiza enquanto ensinante e, em nosso caso, que sentido há em fazê-lo sob a denominação "filosofia". Os melhores professores e professoras serão aqueles que possam ensinar em condições diversas, e não só porque terão que idear estratégias didáticas alternativas, mas também porque deverão ser capazes de repensar, no dia a dia, os próprios conhecimentos, sua relação com a filosofia e o marco em que pretendem ensiná-la. Trata-se, muito mais do que de ocasionais desafios pedagógicos, de verdadeiros questionamentos filosóficos e políticos. A docência em filosofia convoca os professores e as professoras como pensadores e pensadoras, mais do que como transmissores acríticos de um saber que supostamente dominam, ou como técnicos que aplicam estratégias didáticas ideadas por especialistas para ser empregadas por qualquer um, em qualquer circunstância.

Decerto, os estudos sobre o ensino da filosofia se consagraram geralmente ao desenho e à implementação de alguns recursos didáticos que tentariam facilitar a atividade dos docentes. Neste livro, propomo-nos a abordar essa questão enfocando-a a partir de um momento prévio. O ponto de início será refletir sobre o problema que está na base: que se entende por "ensinar filosofia" e como se poderia transmitir algo cuja identificação é já um problema filosófico. Tentaremos mostrar que, para levar adiante a tarefa de ensinar filosofia, uma série de decisões devem ser adotadas. Decisões que são, em primeiro lugar, filosóficas, para em seguida – e de maneira coerente com elas – elaborar os recursos mais convenientes para tornar possível e significativa aquela tarefa. Essa maneira de colocar a questão pretende outorgar aos professores e às professoras um protagonismo central, uma vez que os interpela, não como eventuais executores de receitas genéricas, mas como filósofos ou filósofas que recriam a própria didática em função das condições em que devem ensinar. Por isso, as páginas que se seguem não oferecerão "soluções" aos problemas práticos do ensino da filosofia, posto que não se parte da premissa de que todos compartam esses mesmos problemas, nem sequer se supõe que se tenha tido intervenção na sua construção. Quem deve estabelecer quais são os problemas concretos de ensinar filosofia são os que se enfrentam no dia a dia com a situação de ensinar, já que só eles estão em condições de ponderar com justeza todos os elementos intervenientes em cada situação pontual.

Desprende-se do anteriormente dito uma consequência cuja dimensão definirá o espírito do trabalho: toda formação docente deverá ser, em sentido estrito, uma constante autoformação. E toda autoformação supõe, em última instância, uma *trans*-formação de si. A simples aspiração deste livro é a de convidar o leitor a refletir sobre algumas questões conceituais que são postas ao ensino da filosofia e desse modo acompanhar, na medida em que cada um o considere pertinente, o percurso pessoal de sua autoformação.

CAPÍTULO I

Que é ensinar filosofia?

A pergunta "que é ensinar filosofia?" poderia admitir uma resposta imediata, que se inscreve em um dos lugares comuns que costumam guiar qualquer ensino. Ensinar filosofia seria a atividade em que alguém transmite ao outro determinado conteúdo, neste caso, "de filosofia" ou "filosófico". Pois bem, antes de nos determos nessa, aparentemente, simples e clara descrição, vemos que surgem alguns problemas. De saída, a pergunta não está respondida já que a questão foi deslocada, por um lado, para o ato de "transmitir" (seria preciso explicar que significaria isso no caso da filosofia) e, por outro, para o conteúdo, a filosofia. E, como sabemos, encontrar uma resposta unívoca para "que é filosofia?" não somente não é possível, mas cada uma das eventuais respostas poderia dar lugar a concepções diferentes da filosofia e do filosofar, o que influirá, por sua vez, sobre o sentido do ensinar ou transmitir filosofia. Dito de maneira sintética, constataríamos que, se pretendemos apoiar-nos na transmissão, nos vemos obrigados a delimitar o objeto "transmitido" (a filosofia) como algo identificável e, de certa forma, manipulável; e, se pretendemos definir que é filosofia, deveremos redefinir o que significa ensiná-la, já que cada caracterização julgaria a possibilidade de sua transmissão.[1] Se a isso somamos que nos interessa pensar o ensino da filosofia em um contexto educativo formal, ou seja, naquele em que os conteúdos estão prescritos ou regulados pelo Estado, o panorama se complexifica ainda mais.

A questão não se tornaria mais simples no caso de enfocarmos a interrogação "que é *aprender* filosofia", visto que, qualquer que seja a resposta dada, tal como o foi no caso anterior, ela estará mediatizada pela concepção que se tenha da filosofia ou de seus traços característicos. Poder-se-á propor que aprender filosofia é conhecer a sua história, adquirir uma série de habilidades argumentativas ou cognitivas, desenvolver uma atitude diante da realidade ou construir um olhar sobre o mundo. Essas opções podem ser incrementadas, combinadas ou modificadas da maneira que se achar conveniente, mas isso será feito desde uma concepção de filosofia, quer se a explicite quer não. Neste trabalho, vai interessar-nos referir a possibilidade de um aprendizado filosófico a circunstâncias reconhecíveis como de "ensino", além do que, certamente, admitimos que se pode aprender filosofia sem que alguém formalmente a ensine.

As dificuldades em construir um ponto de partida para abordar os aspectos básicos do ensino de filosofia, longe de se apresentarem como um obstáculo intransponível, são, pelo contrário, o motor e o estímulo que nos permitem avançar sobre o nosso problema. As tentativas de aclarar esses inconvenientes nos levam a formular perguntas de fundo, que evidenciam que a situação de ensinar filosofia leva a ter de assumir algumas decisões teóricas. Quer consideremos que

[1] Por exemplo, caso se supusesse que a filosofia é essencialmente "crítica de supostos", não se poderia admitir sem revisão os pressupostos didáticos que seu ensino ou transmissão trariam consigo; se se considerasse que o próprio da filosofia é uma habilidade argumentativa, ou uma atitude diante do mundo, ou uma escolha de vida, etc., seu ensino também seria muito diferente.

é possível construir uma "identidade" filosófica reconhecível em qualquer expressão da filosofia ao longo do tempo, quer se considere que a filosofia se caracteriza pela reinvenção constante da própria significação, a questão é elucidar o que se ensina em nome de *esta* filosofia – e, de maneira correlata, como se o faz –, e isso é algo que não pode ser resolvido apenas didaticamente.

Desde o seu início, a atividade de ensino ou transmissão da filosofia esteve estreitamente ligada ao seu desenvolvimento. Ensinar ou transmitir uma filosofia foi o objetivo originário de diversas escolas filosóficas e também uma ocupação de muitos filósofos. A partir da modernidade e das diversas formas de institucionalização do ensino de filosofia, a questão começa a adquirir uma fisionomia distinta. A filosofia passa a integrar os sistemas educativos e, portanto, começa a ocupar um lugar, de maior ou menor importância, nos programas oficiais. Em assim sendo, o ensino de filosofia adquire dimensão estatal. Os mestres ou professores já não transmitem uma filosofia – ou a sua filosofia –, mas agora, para além do grau de liberdade que tenham para exercer essa atividade, ensinam "Filosofia" de acordo com os conteúdos e os critérios estabelecidos pelos planejamentos oficiais e pelas instituições habilitadas para tal.[2] O sentido de "ensinar filosofia" estaria, pois, redefinido pelo sentido *institucional* que se outorga a esse ensino. Nossa pergunta inicial parece então ficar circunscrita às condições práticas da sua implementação.

Pois bem, inclusive dentro do marco formal que um ensino institucionalizado de filosofia supõe, persistem diversas questões fundamentais as quais convêm explorar.

Pareceria óbvio que, se se trata de ensinar "filosofia", seria preciso poder determinar, em primeiro lugar, o que será

[2] Ver, por exemplo, DOUAILLER (1988) e DERRIDA (1982).

proposto sob essa denominação. Mas, como já afirmamos, a pergunta "que é filosofia?" constitui um tema próprio e fundamental da filosofia mesma, e não admite, de modo algum, uma resposta única. E mais, cada filosofia (ou cada filósofo) responde a essa pergunta, explícita ou implicitamente, desde o seu horizonte teórico, o que muitas vezes complica até um possível diálogo com outras respostas oferecidas à mesma pergunta desde referências diferentes. O fato de, ao pretendermos ensinar filosofia, sermos conduzidos a, como um passo prévio, ter de ensaiar uma possível resposta à interrogação sobre que é filosofia, e que essa tentativa suponha já introduzir-se na filosofia, mostra que a sustentação de todo ensino de filosofia é, mais do que didática ou pedagógica, basicamente filosófica. As interrogações "que é ensinar filosofia?" e "que é filosofia?" mantêm então relação direta que enlaça aspectos essenciais da filosofia e do filosofar.

As exigências programáticas do ensino institucionalizado de filosofia fazem com que, no desenrolar dos cursos, a reflexão filosófica sobre o significado ou o sentido da filosofia costume ser abreviada ao extremo ou postergada quase indefinidamente, em favor da introdução, sem mais, dos conteúdos "específicos" de filosofia. Essa necessidade faz com que a caracterização da filosofia seja mais ou menos implícita, supostamente reconhecível no que se ensina como filosofia, ou bem seja apresentada com uma ou várias definições (com as quais, diga-se de passagem, raramente se costuma ser consequente durante o ensino). Essa mesma razão atravessa também a reflexão sobre o ensinar filosofia, permanecendo, em geral, muito simplificada a justificativa de como levar adiante essa tarefa.

Mas, em virtude do dito anteriormente, em definitivo, *que* se ensina? e *como* se ensina? A não explicitação usual da relação entre o "que" e o "como" conduz, geralmente, à adoção de posições acríticas – ou às vezes ingênuas – quanto ao ensino. Haveria uma espécie de "senso comum" constituído em torno do ensinar filosofia – certamente, frequente na transmissão de qualquer conhecimento –, que assume um suposto pedagógico trivial: há alguém que "sabe" algo e alguém que não o sabe; de alguma maneira aquele que sabe "passa" (basicamente "explica") ao que não sabe certos "conteúdos" de seu saber e, em seguida, corrobora se essa passagem foi de fato efetivada, isto é, constata que aquele que não sabia "aprendeu". E assim, por etapas graduais e sucessivas, o aluno, com a ajuda de um mestre ou de um professor, passa do não saber ao saber.[3] O "que" é recoberto por conteúdos programáticos usuais e o "como" fica à mercê do bom senso pedagógico do professor, que será mais ou menos fundamentado de acordo com a formação docente inicial que teve e as diversas experiências que foi recolhendo ao longo de seu trabalho de ensinante ou as que foi acumulando durante sua etapa de estudante.[4]

Certamente, não é frequente que seja observada alguma relação especial entre o que é ensinado e a forma de fazê-lo (distinção que por si é um posicionamento diante do ensinar). O "como", em geral, é visualizado separadamente daquilo que se ensina, e o ensino estaria suficientemente garantido, para alguns, pelo domínio dos conhecimentos filosóficos do professor; para outros, pelo domínio de determinados recursos didáticos. A maior ou menor importância concedida a uma ou outra opção pode definir o perfil do ensino.

---

[3] Jacques Rancière encarregou-se de desnaturalizar esta concepção do ensino, mostrando os pressupostos que ela apresenta e explicitando as suas derivações pedagógicas, filosóficas e políticas. Ver RANCIÈRE (2008). Igualmente o fez Paulo Freire, desde um outro ponto de vista, em sua célebre caracterização da "concepção bancária da educação" (FREIRE, 1996).

[4] Retornaremos a este ponto no capítulo 5, quando abordemos o tema da formação docente.

Mas, em ambos os casos, o pressuposto é o mesmo: a filosofia e a didática transitam por caminhos separados que ocasionalmente se justapõem, em virtude da circunstância de ter que "dar aula".

Desde esse pressuposto, pode-se inferir que seria factível ensinar praticamente qualquer temática, corrente filosófica ou o pensamento dos diversos filósofos, de maneiras similares. Poder-se-ia "explicar", por exemplo, de maneira semelhante (metodologicamente falando), ética, metafísica, epistemologia, existencialismo, tomismo, fenomenologia, ou as filosofias de Platão, Descartes, Marx, Nietzsche ou Popper, já que o significativo, desde o ponto de vista filosófico, estaria no conteúdo ensinado, e não na maneira como ele seria apresentado. E isto, com independência do que as correntes ou os filósofos "ensinados" supusessem, explícita ou implicitamente, que é a filosofia ou o filosofar, e da repercussão do que isso poderia ter em um ato de transmissão. Pressupor-se-ia que todos eles são conteúdos filosóficos e, enquanto tal, haveria maneiras comuns de ensiná-los.

Quando nos referimos a maneiras comuns de ensinar, não estamos sustentando que não haja atividades diversas para ensinar filosofia. De fato, é possível reconhecer diferentes modos de encarar o ensino de filosofia.[5] Antes, nos referimos a que certas estratégias didáticas – (exposições, leituras e comentários de textos, atividades grupais, estudos dirigidos, etc.), algumas delas ditadas pelo senso comum (o que "sabe" um tema pode "ensiná-lo"), ou outras inspiradas ou mesmo diretamente importadas da "Didática Geral" – são empregadas como ferramentas universais para ensinar filosofia em geral, como de fato poderiam ser empregadas

[5] Por exemplo, as "modalidades de ensino da filosofia" explicitadas por Guillermo Obiols (1989): problemática, histórica, doutrinal ou baseada em textos.

para ensinar outras disciplinas. Como dissemos, não se encontraria relação significativa entre a concepção de filosofia ou o filosofar (do filósofo ensinando ou do professor ensinante) e como se ensina.[6]

Estimamos que, para além do fato de que se explicite ou não, o que se considera ser filosofia deveria ter algum tipo de correlação com a forma de ensiná-la. Haveria consequências didáticas diferentes se supuséssemos, por exemplo, que a filosofia é essencialmente o desdobramento de sua história, ou se a entendêssemos como desnaturalização do presente; se consideramos sua atividade como uma cuidadosa exegese de fontes filosóficas, ou como um exercício problematizador do pensamento sobre todas as questões; se avaliamos que ela pode significar um auxílio para o bom viver ou a supomos uma complicação inexorável da existência; ou se assumimos que ela serve para fundamentar a vida cidadã ou para encarnar uma crítica radical da ordem estabelecida, etc.[7] Obviamente, poderia pensar-se também em qualquer combinação dessas caracterizações ou agregar muitas mais. Mas persistiria que o que se considera ser basicamente a filosofia deveria expressar-se de alguma maneira em seu ensino, se se deseja estabelecer alguma continuidade entre o que se diz e o que se faz em um curso.

Poder-se-ia talvez interpretar como uma virtual consequência do anteriormente dito que haveria que ensinar, por exemplo, Descartes "cartesianamente", "hegelianamente" a

[6] Uma questão que deriva disso, mas que aqui não abordaremos, é avaliar que relação pode existir entre métodos ou procedimentos filosóficos e métodos ou procedimentos pedagógicos (e se, por acaso, estes poderiam subsumir-se àqueles).

[7] Não é inusual que alguns filósofos ou correntes filosóficas estabeleçam critérios de demarcação ou legitimação que diretamente excluem do campo da filosofia alguns autores. Com o que não se trata apenas de caracterizações ou matizes filosóficos: o que para alguns é filosofia, para outros não o é.

Hegel, "nietzschianamente" a Nietzsche ou "analiticamente" a Davidson. Isso não se segue necessariamente, ainda que, com certeza, seja uma possibilidade factível a ensaiar (prévia elucidação do que seria "ensinar cartesianamente", etc.). Antes, o que se sugere é que a tarefa de ensinar necessita estabelecer as condições para que ela possa ao menos ser tentada. E consideramos que uma delas é que o professor possa caracterizar e exercitar a filosofia que é posta em jogo durante as suas aulas. Por certo, isso significa ir mais além de oferecer apenas uma definição formal de filosofia - como costuma ser habitual no início de muitos cursos -, já que depois poder-se-ia prosseguir com um ensino desligado dos fundamentos ou do contexto dessa definição, como também costuma ser usual em muitos cursos. Melhor, trata-se de que fique clara a aposta filosófica do curso, isto é, aquilo a partir do qual se construirá o vínculo entre professores e estudantes em nome da filosofia e do filosofar.

O modo como essa aposta se desdobra na aula - seja isso dar uma definição de filosofia ou caracterizá-la ou mostrá-la em uma experiência ou construí-la no decorrer das aulas, etc. - será função do docente. Mas o que não se deverá deixar de lado é que o tipo de vínculo que se estabelece com a filosofia é substancial a todo ensino.

Em qualquer situação de ensino de filosofia, o que emerge sempre, quer se queira ou não tornar evidente, é o contato que com ela mantém quem assume a função de ensinar. Um curso de filosofia poderá situar-se *na* filosofia ou desenvolver-se *sobre* a filosofia. Se nos remetemos, como é habitual fazê-lo, à etimologia da palavra filo-sofia, o que ela indica é fundamentalmente uma *relação*. De maneira específica, a palavra faz referência a uma relação com o saber e, em particular, a um vínculo de amor como aspiração ou desejo de saber, mais que ao domínio de um saber determinado. Ao assumir essa caracterização genérica, se se trata de um curso que se situa na filosofia – isto é, aquele que poderíamos chamar cabalmente "filosófico"–, o que aparece como fundante não é tanto o recorte ocasional de um conhecimento a ser transmitido, mas a *atividade* de aspirar a "alcançar o saber". Desde Sócrates, essa vontade filosófica se expressou através do constante perguntar e perguntar-se. Tal atividade é, justamente, o filosofar, com o que a tarefa de ensinar – e aprender – filosofia não poderia estar nunca desligada do *fazer* filosofia.[8] Filosofia e filosofar se encontram unidos, então, no mesmo movimento, tanto o da prática filosófica como o do ensino de filosofia. Portanto, ensinar filosofia e ensinar a filosofar conformam uma mesma tarefa de desdobramento filosófico, em que professores e alunos compõem um espaço comum de pensamento. É em virtude disso que avaliamos que todo ensino de filosofia deveria ser, em sentido estrito, um ensino *filosófico*.

De acordo com o assinalado, o professor será, em alguma medida, filósofo, já que mostrará e se mostrará em uma atividade em que expressa o filosofar. Isso não quer dizer que ele deva ensinar uma filosofia própria, mas que desde uma posição filosófica – a sua ou a que adote – filosofará junto com seus alunos. Em última instância, todo ensino filosófico consiste essencialmente em uma forma de *intervenção filosófica*, seja sobre textos filosóficos, sobre problemáticas filosóficas tradicionais, seja até mesmo sobre temáticas não habituais da filosofia, enfocadas desde uma perspectiva filosófica.

---

[8] O domínio de um "conteúdo" (de um saber) filosófico e a pretensão de "transferi-lo" a outro como um corpo de conhecimentos acabado que pode ser reproduzido, mais do que promover, limitaria o filosofar, já que suporia que o movimento do "desejo de saber" – neste caso, do professor – se deteve ou foi consumado em um objeto (por exemplo, em um conhecimento específico da filosofia). O que esse docente estaria fazendo, em sentido estrito, seria transmitir os resultados de um filosofar, mais do que mostrar o filosofar em ato (o seu ou o de um filósofo).

Poder-se-á abordar e consequentemente ensinar, por exemplo, Nietzsche desde a perspectiva filosófica de Heidegger ou de Deleuze, ou Hegel desde a de Marx, Aristóteles desde Tomás de Aquino, ou também ensinar Hegel desde uma postura hegeliana, ou a tal o qual autor desde a concepção de filosofia que tenha o professor, ou do modo que o docente considere mais pertinente, de acordo com seus conhecimentos, suas preferências e sua capacidade. Não se pode ensinar filosofia "desde lugar nenhum", com uma aparente assepsia ou neutralidade filosófica. Sempre se assume e se parte, explícita o implicitamente, de certas perspectivas ou condições que convém deixar – e também deixar para si – claro, porque em última instância, e fundamentalmente, é o que será "aprendido" pelos alunos. Esse "deixar claro" não se transforma em uma consequência didática direta, já que, como antecipamos, o modo como um professor expressa seus compromissos filosóficos tem por correlato uma decisão pedagógica: ele poderá optar, caso considere didática e filosoficamente pertinente, por declarar seus supostos, ou bem mostrá-los de maneira implícita em sua prática de ensinante que pensa, ou como lhe parecer melhor.

O filosofar se apoia na inquietude de formular e formular-se perguntas e buscar respostas (o desejo de saber). Isso pode sustentar-se tanto no interrogar-se do professor ou dos alunos e nas tentativas de respostas que ambos se deem, bem como no de um filósofo e suas respostas. Essas respostas que os filósofos se deram são, paradigmaticamente, suas obras filosóficas. Mas é muito diferente "explicar" as respostas que, em um contexto histórico e cultural determinado, um filósofo se deu, do que os estudantes e o professor tentarem se apropriar dos questionamentos desse filósofo, para que essas respostas passem a ser, também, respostas a problemas próprios. O perguntar filosófico é, então, o elemento constitutivo fundamental do filosofar e, portanto, do "ensinar filosofia". Consequentemente, um curso filosófico deveria constituir-se em um âmbito em que possam ser criadas as condições para a formulação de perguntas filosóficas, e no qual se possa começar a encontrar algumas respostas.

O percurso que iniciamos, partindo da pergunta "que é ensinar filosofia?" nos levou a afirmar que não é possível responder a essa interrogação sem situar-se em uma perspectiva ou concepção de filosofia. Com efeito, as eventuais respostas a "que é filosofia?" julgaram como é possível sua transmissão. Isso significa que o "conteúdo" a ensinar e a "forma" de fazê-lo não são aspectos alheios um ao outro, que puderiam ser encarados de maneira independente e que se encontrariam eventualmente unidos no ato de ensinar. Afirmamos que um ensino "filosófico" é aquele em que o filosofar é o motor de tal ensino; e que, enquanto atividade própria da filosofia, esse ensino enlaça o *fazer filosofia* com o sentido de sua transmissão. Na medida em que o filosofar se sustenta na tensão da pergunta filosófica, consideramos que um curso *filosófico* deveria ser aquele no qual essa tensão pode ser atualizada de maneira fecunda.

Capítulo II

O perguntar filosófico e a atitude filosófica

Até aqui, no que é significativo, postulamos a pertinência filosófico-didática de coerência entre o que se assume que é filosofia e o que se ensina em seu nome; sustentamos também que toda pergunta que seja genuinamente filosófica deverá envolver intencionalmente quem a formula (porque somente nesse caso as possíveis respostas terão uma significação substancial para quem se pergunta) e, finalmente, um curso que possamos chamar *filosófico* deveria ser um âmbito fértil para o perguntar da filosofia.

Poderíamos agora colocar-nos a seguinte pergunta: o que faz com que, em última instância, uma pergunta ou um questionamento seja "filosófico"? O que o distingue de outro tipo de interrogantes? Diremos, em princípio, que a definição do caráter filosófico de uma pergunta depende do tipo de resposta esperada por aquele que a formula.[1] Ou seja, o que faz com que uma interrogação possa ser considerada filosófica, fundamentalmente, está mais na intencionalidade de quem pergunta, ou se pergunta, do que na pergunta em si. Isso quer dizer que as mesmas palavras que compõem uma

[1] De modo semelhante, Risieri Frondizi (1986) considerava as eventuais respostas que poderiam ser oferecidas à pergunta "que é filosofia?".

pergunta poderiam tanto sustentar uma inquietude filosófica, como não. É possível perguntar "que é a vida?", "que é a morte?" o "que é a justiça?" sem intenção filosófica. "Que é a vida?" ou "que é a morte?" são perguntas que podem ser respondidas tecnicamente desde a perspectiva da medicina ou da biologia; "que é a justiça?" pode ser respondido desde o direito, etc., e essas respostas podem satisfazer a inquietude de quem pergunta.

A intencionalidade filosófica do perguntar se enraíza na aspiração ao saber, Mas seu traço distintivo é aspirar a um saber sem supostos. Por isso, o perguntar filosófico não se conforma com as primeiras respostas que costumeiramente são oferecidas, que, em geral, interrompem o perguntar pelo aparecimento dos primeiros supostos. Mas, como um saber sem supostos é impossível, o questionar do filósofo é permanente. As perguntas científicas, políticas, religiosas, etc. se detêm quando aparece a inquestionabilidade dos supostos que sustentam esses campos. O cientista, por exemplo, ficará satisfeito quando a pergunta formulada for respondida *cientificamente*, isto é, quando a resposta adquira sentido por ser uma expressão, uma recomposição ou um caso particular dos saberes que são dominantes na sua disciplina. Em outras palavras, quando possa ser subsumida dentro de sua legalidade ou normalidade (no presente ou no futuro, se ainda não se dispõe dos meios ou recursos materiais para tal). Se a pergunta não se ordena de acordo com a legalidade da disciplina científica, ela é considerada ininteligível, carente de sentido ou ficcional.

O perguntar filosófico pretende enriquecer o sentido do questionamento e universalizar a dimensão das respostas. O interrogar filosófico não se satisfaz, pois, com a primeira tentativa de resposta, mas se constitui, fundamentalmente, no re-perguntar. Ao fim e ao cabo, não é outra coisa senão a incômoda insistência do velho Sócrates em perfurar as afirmações até fazê-las cambalear, ou até que elas sejam capazes de mostrar sua fortaleza. Em sentido estrito, o perguntar filosófico não se detém nunca, porque, para um filósofo, o amor ou o desejo de saber (a *filo*-sofia) nunca é preenchido.

Nessa inquietude de saber, a pergunta filosófica se dirige, com perseverança, ao coração do conceito. O deslocamento que se produz, por exemplo, entre a apreciação de uma pintura bela e a conceitualização da beleza significa uma emigração desde uma circunstância particular em direção à universalidade das ideias. A inquietude filosófica abre o horizonte do que "se diz", ou do que diz a ciência, a arte, etc., para recompô-lo no plano do puro conceito e assim extremar a sua significação.

No entanto, o filósofo não inventa as suas questões ou seus problemas do nada. Antes, poderíamos dizer, que ele é um *re*-criador de problemas. A filosofia é filha de seu tempo e de suas circunstâncias (recordemos com Hegel que "a coruja de Minerva levanta voo ao entardecer"), e essas circunstâncias, esses condicionamentos ou fontes são aquilo que os seres humanos fazem: a arte, a ciência, a política, o amor. Como poderia o filósofo falar da arte se não existissem os artistas que fazem as obras, ou da ciência, se não houvesse cientistas que desenvolvem as suas teorias, ou da justiça, se ninguém se interessasse por política, ou do amor, se não houvesse enamorados...? Em virtude disso, poderíamos também afirmar que a filosofia pensa as condições de suas perguntas. Ou, o que é o mesmo, a filosofia pensa as próprias condições. Certamente, o mundo que condiciona a filosofia é o de seu tempo (o do passado, reconstruído desde o seu tempo). Em outros termos, a tarefa da filosofia será levar ao conceito o que esse mundo apresenta.

Em virtude do exposto, a reflexão sobre o ensino filosófico deveria voltar-se, como adiantamos, para as condições de possibilidade das perguntas filosóficas. E para como é possível criar um âmbito em que um grupo de alunos, e cada um daqueles que o integram, assuma como próprio alguns interrogantes filosóficos.

Afirmamos que a sustentação do caráter filosófico de uma pergunta é a intencionalidade de quem pergunta. Adotando uma terminologia de inspiração sartriana, não haveria, então, um perguntar filosófico "em si", como se as perguntas filosóficas pudessem ser objetivadas sem o compromisso que supõe assumi-las em toda a sua magnitude. Poderíamos dizer que o perguntar filosófico é sempre "para si". Quem pergunta e se pergunta filosoficamente intervém no mundo e nele se situa subjetivamente. Leva adiante um gesto de desnaturalização daquilo que lhe aparece, interpela o que "se diz" e se dirige aos saberes com uma inquietude radical. Pois bem, a questão é como se poderia ensinar essa intencionalidade ou esse desejo de saber que sustenta as perguntas filosóficas.

As perguntas que a filosofia se formula assumem ou fazem referência, de maneira direta ou indireta, à pergunta que as funda: que é filosofia? Mas, para a filosofia, a delimitação de seu campo é *já* um problema filosófico e, como indicamos no capítulo precedente, não há uma resposta unívoca a essa questão. Cada corrente filosófica, ou cada filósofo, caracteriza a filosofia de acordo com as suas propostas teóricas e representa mais um aporte à nutrida bagagem semântica do término.

Quando, na situação de dar aula – sobretudo na escola ou em cursos de graduação que não são de filosofia –, tenta-se encarar a interrogação "que é a filosofia?" (ou "para que serve?", etc.) e as dificuldades que surgem para alcançar uma resposta única são mostradas, quem escuta costuma ficar com a estranha sensação que se trata de jogos de palavras, em última instância, de que se está querendo eludir uma definição precisa. Ou seja, pareceria que sempre ficará algo não satisfeito, não resolvido pelas repostas que demos – ou que nos demos –, o que dará a sensação de que algo falhou, ou que algo está faltando.

Pois bem, essa incerteza, incômodo ou insatisfação surgida da impossibilidade de dar conta cabalmente do mais básico de nossa atividade, longe de ser um obstáculo filosófico ou didático – ou, talvez, precisamente por sê-lo – constitui a chave do filosofar. Consideramos que o que move alguém a filosofar é o desafio de ter que dar conta, permanentemente, de uma distância ou de um vazio que nunca é preenchido, satisfeito. Poderíamos dizer que nós que nos dedicamos à filosofia atualizamos, a cada dia, esse desafio, porque tentamos responder cotidianamente àquela pergunta. E ensinar, ou tentar transmitir a filosofia, é também – e antes de mais nada – um desafio filosófico, porque na tarefa de ensinar vemo-nos obrigados a enfrentar esse vazio e tentar reduzir, cada um à sua maneira, aquela distância que busca ser preenchida.

Mas há os que já escolheram *habitar* a filosofia. Filósofos, professores de filosofia, pesquisadores em filosofia encarnam tal desafio porque ele é o seu, é o que escolheram. Mas o que acontece com quem não o fez, pelo menos até o momento? Que ocorre com aqueles para os quais a filosofia é algo alheio e que mal acabam de entrar em contato com ela? Pode-se ensinar, pode-se transmitir ou "contagiar" esse interesse por problematizar, surgido de uma incerteza inicial? Em última instância, pode-se ensinar o *desejo* de filosofar?

Que seria aquilo que poderíamos ensinar e eventualmente aprender? Seguramente, suporemos que a filosofia e o filosofar são muito mais do que a apropriação de certas habilidades lógico-argumentativas ou cognitivas em um campo de objetos determinados. Essas destrezas, que são indispensáveis para o desenvolvimento de um pensar sistemático, constituem uma condição para o filosofar mais do que um fim em si mesmo. Portanto, a resposta não se esgota em afirmar que o ensino filosófico se dirige basicamente a promover e a exercitar aquelas habilidades, ainda que, certamente constituam um aspecto substancial.

O desafio é, então: em que medida se poderia ser *um pouco filósofo*, sem importar o nível de conhecimentos? É possível que, no ensino de filosofia *em qualquer nível*, haja algo próprio de *o* filosófico, algo que seja comum tanto àquele que se inicia na filosofia quanto ao filósofo experiente?

Poderíamos supor que, entre os campos disciplinares especializados e aquilo que é ensinado em seu nome, por exemplo, no ensino médio, haveria diferenças quantitativas e qualitativas. O quantitativo não seria particularmente problemático porque se trataria de mais, ou menos, do mesmo. Mas o qualitativo tem a ver com que se estaria ensinando "outra cosa" diferente daquilo que se faz ou se conhece no campo de especialização. No caso específico da filosofia, sustentaremos que há aspectos da prática do filósofo que podem ser postos de manifesto, de diferentes formas, nos diversos níveis de ensino; que poderia haver algo em comum, desde o ponto de vista qualitativo, entre a atividade de um filósofo e a de alguém que se inicia no filosofar. Isso quererá dizer que, sob certas condições, *qualquer um* poderia vir a filosofar. Isso é, qualquer pessoa poderia fazer-se certo tipo de perguntas filosóficas e tentar, em alguma medida, respondê-las. Obviamente, o grau de profundidade, de dedicação, de referência a outros problemas, de enquadre teórico, de erudição, etc., que tenha essa atividade será seguramente diferente da de um "especialista". Mas não o faria menos filosófico.

O repto consistiria em encontrar algo germinal no filosofar dos filósofos que possa ser atualizado com os aprendizes de filosofia. Com certeza, não será nem uma definição de filosofia, nem um conteúdo filosófico específico já que, como dissemos, isso poderá variar de acordo com a perspectiva da filosofia que se adote. Esse espaço em comum entre filósofos e aprendizes será antes uma *atitude*: a atitude de suspeita, questionadora ou crítica, do filosofar. O que haveria que tentar ensinar seria, então, esse olhar agudo que não quer deixar nada sem revisar, essa atitude radical que permite problematizar as afirmações ou colocar em dúvida aquilo que se apresenta como óbvio, natural ou normal. E essa disposição, nós a encontramos em qualquer filósofo: em Sócrates, em Descartes, em Kant, em Marx, em Wittgenstein ou em Deleuze. E, ainda que cada um desses filósofos defina as próprias perguntas, construa seus problemas e ofereça suas respostas, ou seja, elabore a sua filosofia, a tenaz inquietude da busca é um traço comum a todos os filósofos. E isso também pode ser encontrado no professor ou na professora na aula de filosofia, quando filosofa com seus alunos. Quando exibe sua atitude perseverante de perguntar e perguntar-se e tentar encontrar respostas.

Sustentamos que não há uma maneira exclusiva de definir a filosofia e que essa particularidade é a base de grande parte de sua riqueza e de seus desafios, já que qualquer tentativa séria de abordá-la nos conduz inexoravelmente a ter que filosofar. O ensino de filosofia não é, então, algo que se possa "resolver" estando fora dessa questão. De acordo com o que viemos colocando até aqui, ensinar filosofia supõe basicamente ensinar a filosofar e caracterizamos o filosofar – mais do que pela aquisição certos conhecimentos ou pelo manejo de alguns procedimentos – por um traço distintivo: a intenção e a atitude insistente do perguntar, do problematizar e, de acordo com isso, de buscar respostas. Pois bem, como é possível vincular os conhecimentos históricos da filosofia com o ensino de uma "atitude"? Como se relacionariam os conteúdos filosóficos tradicionais com a intervenção criativa daqueles que participam de uma aula filosófica? Começaremos a nos ocupar desse tema no próximo capítulo.

Capítulo III

Repetição e criação na filosofia e em seu ensino

Qual é o nexo entre os conteúdos filosóficos que se tenta transmitir em uma aula e o *ato* de filosofar? E que relação eles têm com a *atitude* filosófica? Como se vincula a história da filosofia com a filosofia que circula em uma aula? Essas perguntas retomam o que foi visto nos capítulos precedentes e avançam um passo em direção à aprendizagem da filosofia. Será importante analisar, então, o que se pode ensinar em nome do pensar crítico e criativo. Mas, sobretudo, avaliar o que há – ou pode haver – de repetitivo e o que há de criativo em qualquer ensino de filosofia. Em função disso, deveremos refletir sobre o lugar que ocupa quem "aprende" filosofia, que protagonismo tem na própria aprendizagem e qual é a sua relação com quem lhe "ensina".

Levando-se em conta as dificuldades que surgem ao tentar definir a filosofia, uma forma usual de identificar seu território foi a de remetê-la ao seu passado: Filosofia seria o que os filósofos fizeram ao longo da História, os problemas por eles colocados, suas tentativas de resolver questões fundamentais, enfim, sua obra. Desde o mundo grego até os nossos dias, estende-se diante de nossos olhos, em sua inscrição histórica e contextual, o variado panorama do que se convencionou chamar de "Filosofia". Podemos reconhecer como ela se desenvolveu em diversas circunstâncias, erigindo uma tradição de mais de vinte e cinco séculos. Qualquer construção de problemas que pretendamos caracterizar como "filosofia" se instalará, definitivamente, sobre esse solo. Pois bem, a questão é avaliar como o novo, que supõe o pensar criativo, inscreve-se no horizonte de repetição de um conjunto de saberes e práticas, e perguntar-nos de que maneira o ensino de filosofia pode incidir nesse processo.

Afirmamos que não é possível criar a partir do nada e que o que fazem os filósofos é bem mais re-criar os seus temas e reconstruir os seus problemas. Refazem, desde o seu presente, as perguntas que alguma vez outros se fizeram, conferindo-lhes seu selo particular. Nesse refazer, o filósofo estende-se em direção ao passado. Mas, ao mesmo tempo, projeta-se em direção ao futuro, porque desdobra um olhar próprio que inventa novos questionamentos. Isso ocorre até mesmo quando um filósofo se propõe a "romper" de maneira radical com o anterior ou decretar o fim de uma expressão da filosofia (ou até mesmo o fim da própria filosofia). Por sua vez, aqueles que ensinam filosofia vivificam os velhos problemas e os reconstroem de modo tal que formem parte do presente de uma aula. As circunstâncias de "dar aula" interpelam os professores na apropriação pessoal que fizeram, e fazem, dos filósofos que estudaram, já que os coloca diante do desafio de uma atualização constante de *sua* filosofia. O professor-filósofo e seus alunos-filósofos-potenciais conformam um espaço comum de recriação no qual as perguntas se convertem em problemas que olham em duas direções: para a singularidade de cada um no perguntar-se (e a busca pessoal de respostas) e para a universalidade do perguntar filosófico (e as respostas que os filósofos se deram ao longo do tempo). Em um curso *filosófico*, essas direções confluem e se alimentam mutuamente.

Poderíamos considerar também que a repetição é condição de possibilidade da criação, ou seja, do aparecimento de algo diferente. Em toda filosofia há algo de repetição e algo de criação. Algo de instalação na continuidade do que a história da filosofia exibe e algo de aparecimento de elementos novos. O que definirá a potência de um filosofar é a preponderância dos elementos de novidade ante os de continuidade. É o que marca o aparecimento de um pensamento original que julga, reacomoda ou transforma os conhecimentos filosóficos até então dominantes. Se considerarmos como uma característica geral da filosofia, por exemplo, sua força crítica, desnaturalizadora ou questionadora de supostos, isso somente pode efetuar-se sobre *o que há* dos saberes em geral e também sobre o que houve de filosofia até então. Em outras palavras, sobre o que a filosofia veio reconhecendo como seu terreno de questionamentos e problemas.

Seria factível identificar, então, dois aspectos ou dimensões que se entrelaçam no ensinar/aprender filosofia: uma dimensão que, com alguma cautela, chamaríamos "objetiva" (a informação histórica, as fontes filosóficas, os textos de comentaristas, etc.) e outra "subjetiva" (a novidade do que filosofa: sua apropriação das fontes, sua re-criação dos problemas, sua leitura do passado, etc.). O fato de que ambos os aspectos estejam entrelaçados significa que o filosofar é uma construção complexa em que cada filósofo, ou aprendiz de filósofo, incide singularmente *naquilo que há* da filosofia. Podemos dizer que, em sentido estrito, é disto que trata o *pensar*: intervir de maneira original nos saberes estabelecidos de um campo. Quem filosofa pensará os problemas de seu mundo em, desde ou contra uma filosofia.

De acordo com o que viemos sustentando, fica claro que ensinar filosofia não significa somente trasladar os saberes tradicionais da filosofia pela mediação de um professor a um aluno. O filosofar – ou seja, a filosofia em ato – vai além desse plano da simples repetição. Um ensino de filosofia é filosófico na medida em que aqueles saberes são revisados no contexto de uma aula. Isto é, quando se filosofa a partir deles ou com eles e não quando somente se os repete (histórica ou filologicamente).

Em consonância com o que afirma Alain Badiou, podemos caracterizar a filosofia toda – e não somente o seu ensino – como forma de "repetição criativa".[1] Em outras palavras, a filosofia estaria identificada sempre pelo jogo permanente daquilo que afirma e o que põe em dúvida; por essa tensão entre a afirmação, a oposição e a criação. Isso faz com que, à diferença da ciência, cujos avanços teóricos vão silenciando seu passado, a filosofia se desdobre, tornando parte de si esse constante *morrer* e *nascer*.

> Talvez a repetição do tema do fim da metafísica e a correlativa repetição do tema de um novo começo do pensamento é o signo de uma imobilidade fundamental da filosofia como tal. Talvez a filosofia tenha que colocar sua continuidade, sua natureza repetitiva, sob a forma do par dramático a morte e o nascimento. (Badiou, 2007, p. 126)

Já que o ensino filosófico, por sua vez, será repetição e criação, estamos então diante do problema conceitual de como ensinar essa "repetição criativa". Essa questão é relevante porque vincula todos os aspectos do que viemos colocando até aqui e, de maneira mais específica, ressalta a pertinência de, enquanto filósofos docentes, sermos coerentes em relação àquilo que ensinamos e o modo de fazê-lo.

Certamente, uma alternativa usual seria explicar a concepção de Badiou sobre a filosofia como repetição criativa.

---

[1] Ver BADIOU, 2007.

O professor transmitiria um conhecimento filosófico (o de Badiou) e eventualmente poderia exemplificá-lo com alguns casos pontuais tomados da história da filosofia, nos quais fossem postas de manifesto as dimensões repetitiva e criativa dessas produções filosóficas. Em seguida, avaliar-se-ia a eventual aprendizagem dos alunos solicitando-lhes que, de alguma maneira, reiterassem o que lhes foi explicado. Desta forma, muito provavelmente, ficaríamos aprisionados na mera reiteração do pensar alheio, com poucas possibilidades de algum tipo de apropriação subjetiva. Mas também, e de maneira consequente com o que viemos sustentando mais acima, poderíamos assumir que a filosofia como repetição criativa é o suposto filosófico e, portanto, a condição de nosso ensino. Se pretendermos ensinar filosofia filosoficamente, nas situações de ensino deveríamos pôr em ato – e não somente explicar – essa concepção de filosofia.

Para Badiou, na filosofia há um gesto que se repete, uma espécie de chave que acompanha toda atividade filosófica, que é, como antecipamos, a marca de uma descontinuidade e uma recomposição. O fragmento que se segue vincula essa característica, de maneira pontual, com o presente dos jovens:

> A filosofia é o ato de reorganizar todas as experiências teoréticas e práticas, propondo uma nova grande divisão normativa que inverte uma ordem intelectual estabelecida e promove novos valores para além dos comuns. A forma de tudo isto é, mais ou menos, dirigir-se livremente a todos, Mas primeiro e principalmente aos jovens, pois um filósofo sabe perfeitamente bem que os jovens têm que tomar decisões sobre suas vidas e que eles estão geralmente mais dispostos a aceitar os riscos de uma revolta lógica. (Badiou, 2007, p. 129)[2]

[2] "Revolta lógica" é uma expressão de Rimbaud a que Badiou recorre para ilustrar o teor do ato filosófico (substituição da imitação pela discussão e pela crítica racional, rechaço à cega submissão às opiniões estabelecidas, etc.).

Haverá sempre na filosofia, segundo Badiou, uma decisão de reorganizar o existente a partir de novas decisões normativas. Trata-se sempre do nexo do que há com o que pode haver, daí a característica distintiva da repetição *criativa*. Esse gesto filosófico essencial está dirigido a todos, é a sua vontade universal, e, a partir dele, cada um, desde sua particularidade, poderá recebê-lo, empregá-lo ou transformá-lo. Poderá, definitivamente, dele se apropriar.

Temos agora um panorama mais complexo, porém mais interessante. De acordo com que viemos sustentando, ensinaríamos filosofia no ato de filosofar e aprender-se-ia filosofia começando a filosofar. Portanto, em função da caracterização que fizemos da filosofia, a "repetição criativa" deveria ter lugar no ensino e na aprendizagem. Isto é, se os alunos começam a filosofar, eles começam também a levar adiante algum tipo de repetição criativa. Para Badiou, então, o que a filosofia repete não é um conhecimento determinado, mas o gesto de alterar a continuidade do que "se diz". Todo ato filosófico estabelece sempre uma separação, uma distinção, que permite abrir novos rumos.

O ensino de filosofia mostra então suas duas dimensões enlaçadas: a dimensão objetiva, a repetição, e a subjetiva, a criação. Se forçássemos a separação dessas duas dimensões, reconheceríamos sem dificuldade que o assim chamado ensino tradicional esgotou-se na primeira delas. De fato, informações sobre a história da filosofia, algumas técnicas de argumentação, etc., é o mais fácil de constatar em uma avaliação. O desafio de todo docente – e muito em especial de quem ensina filosofia – é conseguir que em suas aulas, para além da transmissão de informação, produza-se uma mudança subjetiva. Fundamentalmente de seus alunos, mas também de si mesmo. Se a aula é um espaço compartilhado de pensamento e nela há *diá-logos* filosóficos, a dimensão criativa envolve aqueles que aprendem e aqueles que ensinam. Em outras palavras, o professor deve criar as condições para que os estudantes possam tornar própria uma forma de interrogar e uma vontade de saber.

O ensino de filosofia é, como afirmamos na introdução deste livro, uma construção subjetiva, sustentada em uma série de elementos objetivos e conjunturais. Um bom professor ou uma boa professora de filosofia é quem pode levar adiante essa construção. O "sujeito" desse processo é tanto o que aprende como o que ensina, mas, sobretudo, o é o *vínculo* entre ambos. A problematização filosófica na situação de ensino adquire uma dimensão pública essencial, já que compreende um processo que se constrói entre professores e alunos. O sujeito educativo-filosófico é, em sentido estrito, um sujeito coletivo, que envolve um pensar compartilhado (dialógico) no marco de uma aula e situa os olhares pessoais.[3]

Pois bem, qual é o limite do que pode ser "ensinado" nas aulas de filosofia? Como julgar o que permite a existência de um curso filosófico, em função da disposição de cada um de seus integrantes?

Desde a sua origem etimológica, a filosofia incorpora a marca de uma ausência ou de *algo* que deve ser completado. O filósofo busca algo que não tem: o saber (à diferença do sofista, que supunha possuí-lo e o ensinava). A partir de Sócrates, ensinar filosofia é ensinar uma ausência (ou, talvez, uma impossibilidade). Pode-se "mostrar" como outros desejaram ou "amaram" a sabedoria, ou o que fizeram desse desejo ou desse amor (por exemplo, as obras filosóficas). Mas, em um sentido profundo, não é possível ensinar a "amar" a

[3] Ver CERLETTI, 2008 (especialmente, o capítulo 4: "El sujeto educativo y el sujeto de la educación").

sabedoria, como, certamente, não é possível transmitir uma fórmula para apaixonar-se. Trata-se do irredutível de cada um, porque diz respeito àquilo que cada um completará *à sua maneira*. Podemos tentar ensinar, como sustentamos, uma *atitude* filosófica. Mas, entre o perguntar do filosofar e o *querer* filosofar, há um salto que ultrapassa todo professor. É também a distância entre o desejo de saber (filosofia) e o desejo do desejo de saber (o desejo de filosofia). Isso nos lança numa situação paradoxal: o essencial da filosofia é, constitutivamente, inensinável, porque há algo do outro que é irredutível: seu olhar pessoal de apropriação do mundo, seu desejo, enfim, sua subjetividade.[4]

Ensinar filosofia, então, nunca terá garantias de que alguém "aprenda" a ser "um filósofo", ao menos do modo como o professor o *deseja*. O que um bom professor tentará fazer é criar as condições para que talvez se dê um "amor". Talvez, a paixão do professor-filósofo pela filosofia seja "contagiosa", e os alunos, para além de cumprir com os requisitos formais do curso de uma disciplina filosófica, desejem filosofar deslumbrados por seu amor. Mas como programar que isso aconteça?

Ainda que se possa criar as condições para um encontro amoroso com o saber (pode-se convidar a pensar), os encontros sempre têm algo de aleatório. Como dissemos, há uma distância impossível de preencher com os saberes do professor, na qual se joga a novidade do outro, sua própria relação com a filosofia. Pensar implica novidade e isso tem sempre algo de inquietante porque escapa ao controle da simples transmissão de um saber. É inquietante para o próprio professor, porque o afasta do caminho já trilhado da transmissão de conhecimentos e o leva a enfrentar o desafio de pensar ele mesmo.

[4] Para outra perspectiva sobre esta questão, ver GRAU, 2007.

O ensino de filosofia – entendido como ensino do filosofar, de acordo com o que colocamos neste livro – se desdobra sempre no limite do ensinável. Em cada pergunta que se formula, se ela é autêntica, há sempre algo da ordem do não sabido que gera uma tensão. No caso da filosofia, a atualização constante desse não saber é o motor e o estímulo do filosofar. Pois bem, o modo como alguém se pergunta e como ensaia suas respostas tem uma dimensão que é irredutível aos outros, porque toca o não sabido de cada um e a maneira peculiar de percorrer um trajeto em direção ao saber.

Essas questões são talvez alguns dos pontos mais delicados do ensino de filosofia que tem lugar nas instituições educativas. As próprias características das escolas (enquanto localizações do Estado submetidas a uma estrutura de controle) fazem com que os professores tenham que cumprir, simultaneamente, a dupla tarefa de *mestres* e de funcionários do Estado. Por um lado, abrem ao mundo do saber e, por outro, abonam saberes. Tentam despertar a paixão por conhecer e, ao mesmo tempo, certificam certos conhecimentos adquiridos pelos alunos. A filosofia, desde a sua origem, situou-se incomodamente nesse lugar. Recordemos, à guisa de exemplo, o julgamento de Sócrates, e o que o Estado ateniense pensava daquele "corruptor da juventude".

Os professores de filosofia ocupam o difícil lugar da transmissão, da provocação e do convite. Transmitem saberes, mas provocando o pensamento e convidando a pensar. Difundem certos conhecimentos, mas promovem sua apropriação pessoal. Tentam mostrar, em definitivo, que sobre toda repetição é imprescindível que o filósofo sobrevoe o terreno dos saberes aceitos fixando o olhar agudo em cada um de eles, para interrogá-los e interrogar-se. Nisso radica sua *atitude*.

"Aprender" a filosofar implica uma decisão que é, em última instância, pessoal. E, como se refere ao que não há (já que o pensamento de outro não pode ser nem predito, nem planejado, porque é justamente o não sabido do que ensina), podemos dizer que se trata de uma aposta subjetiva. Em definitiva, quem aprende filo-sofia filosofa quando cria, isto é, quando os conhecimentos que vai adquirindo, ou com os quais conta, são reordenados a partir de uma nova maneira de interpelá-los. Ou seja, quando estabelece novas relações com o mundo.

Capítulo IV

Por que ensinar filosofia

A questão por que ensinar filosofia nas escolas tem adquirido certa ressonância nos últimos tempos. O tema apresenta diversas arestas, o que seria conveniente revisar. Por certo, a pergunta "por que ensinar filosofia nas escolas?" *não será a mesma* se for colocada por um filósofo ou por alguém que nunca teve contato formal com a filosofia, ou por um funcionário que está decidindo que matérias inclui ou exclui da grade curricular de um nível de educação obrigatória. Uma mesma interrogação pode, como já visto, ter uma intencionalidade filosófica, ou não. O problema é que a filosofia se insere, efetivamente, em uma grade curricular global e, portanto, parece que deveria prestar contas de seu aporte à educação geral de um jovem.

Esse caminho conduz, sem muitos rodeios, a outra questão: para que "serve" a filosofia? Em realidade, essa pergunta é feita somente por aqueles que não estão dedicados à filosofia e se perguntam por sua eventual "utilidade" entre outros saberes, mas também a fazem aqueles que se dedicam a ela e, talvez com ainda mais razão, se a formulam aqueles que se põem a ensiná-la, ou a ensinar a ensiná-la. Antes de indagar sobre a "utilidade" ou os "serviços" que a filosofia poderia prestar, a pergunta nos leva, uma vez mais, à mesma: que é filosofia? E a possibilidade de uma resposta, tal como já havíamos destacado no primeiro capítulo deste livro, introduz-nos em cheio no terreno filosófico.

Agora, temos um novo problema: uma eventual resposta filosófica a essa pergunta seguramente não satisfará ao não filósofo (fundamentalmente porque ele talvez não participe do contexto de sua significação, não a "entenda" por ser muito técnica ou abstrusa, ou lhe pareça interessante, mas muito distante ou inatual). Pareceria que, por tratar-se de filosofia *na* institucionalidade educativa, toda tentativa de resolução ficará navegando em duas águas: entre o saber filosófico e o "saber comum", já que a introdução da ideia de utilidade coloca a filosofia em relação direta com o mundo. E, em especial, com o mundo de hoje, posto que não bastarão as respostas "internas" (próprias do diálogo entre colegas), ou as que a filosofia se possa dar para autojustificar-se. Pareceria também que, de maneira inesperada, ressurge um ancestral conflito que a filosofia enfocou: a contraposição entre *epistéme* e *dóxa*. Uma resposta que contemple essas duas vertentes não é simples. Todos aqueles que se dedicam à filosofia experimentaram as dificuldades com as quais se enfrentam quando tentam explicar *isso* a que se dedicam àqueles que não formam parte de seu mundo de especialização.

A história da filosofia, em alguma medida, havia antecipado o problema. Ele está já aludido, de maneira singular, em uma anedota muito conhecida atribuída a Tales. A versão platônica diz que uma noite Tales caminhava observando o céu e tropeçou, caindo em um poço. Uma empregada que observava a cena debochou dele, questionando como ele pretendia entender o que acontece no céu, se não podia sequer ver o que estava a seus pés. Ou seja, já desde o seu começo, para o senso comum, a filosofia se situou entre os saberes mais elevados, e sua inutilidade prática foi apontada.

No passado, foi frequente atribuir à filosofia o lugar privilegiado da sabedoria. Nesse sentido, ela foi considerada por muitos como um dos picos da cultura humanista. O filósofo foi visto como aquele sábio que, desde a sua experiência, e dada a profundidade de seus conhecimentos, podia *guiar* a partir do seu dizer. Essa espécie de consideração ou sóbrio respeito que já se teve perante a filosofia chega ainda, de alguma forma, até nossos dias. A maioria das pessoas não costuma entender muito bem do que trata a filosofia, mas aparenta ser algo importante, algo que soa a grego, a muito antigo, que se ocupa de coisas difíceis e transcendentes, e tem o peso simbólico de vinte e cinco séculos, o que não é pouco para tomar certa distância respeitosa. É como se a filosofia gozasse de uma espécie de crédito, assinado por Sócrates, Platão ou Aristóteles, que foi estendido desde então. O que está ocorrendo é que esse crédito, pouco a pouco, está esgotando-se.

É possível constatar, de maneira cada vez mais premente, que há que começar a justificar com muito cuidado o sentido da presença da filosofia na escola, junto aos diversos saberes e atividades de nossa vida de hoje. É sabido que, na hora de lutar por espaço nos planos de estudo, aquele passado sublime da filosofia tem pouco valor quando se trata de decidir algumas horas nas grades curriculares, e aqueles que defendem os espaços filosóficos devem disputá-los palmo a palmo com os especialistas de outras disciplinas que, por sua vez, reivindicam a necessidade e a importância prática dos próprios campos.

Em grande medida, isso é assim porque daquela filosofia à que fizemos referência e que dava conta de tudo, foram desprendendo-se as diversas disciplinas que hoje formam o marco das ciências naturais e sociais, e passaram a ser, aparentemente, elas as que têm coisas concretas a dizer sobre os problemas concretos de nossa realidade. Então, essas disciplinas se apresentariam como mais "úteis" que a filosofia com sua obsessão por perguntar e perguntar-se, e por atribuir mais valor à construção de problemas do que à circunstancialidade de suas respostas.

Mas a filosofia tentou gerar, desde seu passado glorioso, alguns gestos defensivos diante dos questionamentos que apontam a sua inutilidade. Há outra anedota, também atribuída a Tales, e uma espécie de face contrária da anterior, dessa vez em versão aristotélica. Em certa ocasião, Tales teria feito uso de suas habilidades astronômicas para deduzir que a colheita de azeitonas da próxima safra seria muito boa. Sabendo isso, arrendou todas as moendas de azeitonas com muita antecipação, a um preço ínfimo. Quando a abundante colheita chegou, os agricultores e os comerciantes de azeite tiveram de pagar o elevado preço que Tales havia fixado pelo aluguel dos lagares. Foi assim que fez uma grande fortuna. A conclusão é evidente: os filósofos, se se propusessem a tal, poderiam vir a ser também muito "úteis". Se o desejassem, poderiam "baixar" de suas reflexões celestiais e comprometerem-se com decisões bem pragmáticas.

Mas qual seria hoje essa "utilidade" da qual, aqueles que se dedicam à filosofia, poderiam extrair benefícios materiais ou econômicos? Como dissemos, os aspectos mais práticos da filosofia foram desprendendo-se e concretizando nos distintos campos das ciências. Talvez, sem pensar em lucros extraordinários – como os que se diz que Tales teria desfrutado –, há um aspecto que costuma ser aduzido como uma "utilidade" da filosofia e que poderia desdobrar-se em qualquer campo: o manejo por excelência de certas habilidades metodológicas ou argumentativas (isto é, dar razões e distinguir razões de pseudorrazões ou desculpas; formular ou remover critérios; entender e avaliar argumentos, reconhecer falácias e contradições; identificar supostos; problematizar em um sentido estrito, etc.).[1]

Por certo, essas habilidades não são exclusivas da filosofia, são próprias de qualquer disciplina que se assuma como "pensamento crítico". Por isso, em si mesmas, tais habilidades não seriam um fim filosófico, mas constituiriam a medula técnica de todo pensar. Para que alguém *filosofe* será imprescindível algo mais: que o pensamento intervenha, como já sustentamos, na construção de problemas filosóficos e na disposição vital para tentar resolvê-los. O que faz o filósofo é, em um sentido mais preciso, dispor daquelas habilidades para percorrer o caminho que vai do perguntar filosófico para as respostas que se proponham.

Aqueles que participam de outros espaços do saber, e em especial aqueles que se dedicam a ensiná-los (os professores de línguas, matemática, história, física, etc.), costumam também reivindicar aquelas "habilidades" como próprias e consideram que o que tentam fazer em

[1] Especial menção mereceriam os aportes ao ensino de filosofia que foram realizados desde as chamadas "Filosofia para crianças" ou "Filosofia com crianças", que, com maior ou menor fidelidade, seguiram o caminho aberto pelo filósofo estadunidense Matthew Lipman. Neste marco, supôs-se que as habilidades mencionadas são propriamente "filosóficas", cujo domínio poderia servir para qualquer âmbito, já que corresponderiam à "razoabilidade" de todas as pessoas. Não avançaremos nesta linha, porque abordá-la com certo rigor implicaria adentrarmos o terreno das atividades, dos fundamentos e do significado que se atribui a "fazer filosofia" com ou para crianças, o que mereceria um trabalho mais detalhado. Para uma avaliação histórico-crítica deste horizonte, ver WAKSMAN e KOHAN (2000).

suas aulas é justamente promovê-las e utilizá-las. Um bom professor de qualquer disciplina não ensina para que os seus alunos repitam de memória, ensina a pensar criticamente, a argumentar. Não se trataria então, para muitos, de uma "utilidade" própria da filosofia, mas de uma característica inerente ao desenvolvimento do pensamento rigoroso em geral.

Pois bem, analisando o problema com mais cuidado, se está mais ou menos de acordo quando se fala de "utilidade"? Dissemos que a questão nos situava entre os saberes comuns (a opinião pública, etc.) e os saberes filosóficos. Mas a pergunta pela utilidade tem hoje, justamente, um contexto que contribui a prefigurar seu sentido. Nos tempos em que vivemos, a palavra "utilidade" está associada, fundamentalmente, com um valor de mercado, e relacioná-la com a filosofia significaria estabelecer como a filosofia poderia instalar-se dentro desse mundo de circulação de mercadorias, dentro de sua produção e de sua reprodução.

Se nos ativermos à utilidade genérica que um filósofo poderia ter como especialista em argumentação – no sentido que acabamos de indicar – poder-se-ia pensar então, como muitos o fazem, que efetivamente lhe caberia alguma "utilidade": trabalhar em equipes técnicas multidisciplinares, em alguns conselhos profissionais, como assessores de empresas, etc.

Por outro lado, também se poderia apelar para uma resposta que, durante muito tempo, a filosofia mesma se deu. Aquela que assume explicitamente que ela não é "útil" (no sentido de que ela sirva para algo específico), mas que é supraútil, já que não se ocuparia das coisas particulares, mas do *ser* das coisas, dos princípios fundamentais ou das finalidades últimas. Nessa linha, entende-se que a utilidade é colocar-se a serviço de algo e a filosofia não seria serva de nada, mas determinaria ou julgaria, ela mesma, as próprias finalidades.

Com estas duas caracterizações disponíveis, entre a saída pragmática de situar-se como mais uma especialidade entre os requerimentos do mundo de hoje, e o orgulho metafísico de estar acima de qualquer prática e saber específico, pareceria que talvez devêssemos entrever alguma outra possibilidade.

Para Derrida (1997, p. 16), um filósofo "é alguém para quem a filosofia não é algo *dado*, é alguém para o qual o essencial é ter que interrogar-se sobre a essência e o destino da filosofia. E assim re-inventá-la". Portanto, os filósofos, em sua produção filosófica, reinventam-na permanentemente. Essa reinvenção significa situar a filosofia em relação às condições de seu tempo. E essas condições são as que definem, entre outras coisas, o horizonte de significação da pergunta pela "utilidade" da filosofia.

As perguntas do mundo de hoje requerem respostas rápidas, práticas, *úteis*. Se se pergunta submerso nesse mundo, a pergunta terá aquela intencionalidade. Uma pergunta filosófica premida pela necessidade prática de ser utilitária dará respostas triviais, ingênuas ou, justamente, "inúteis". A tarefa do professor-filósofo não será abandonar-se a esse *constructo* de necessidades – que, em definitiva, é o espetáculo do cálculo econômico e a competência individual, com seus tempos peremptórios – mas, justamente, desnaturalizá-lo e exibir por que constitui o marco que dá sentido às demandas de "utilidade" e a que se refere com elas. "O filosófico" radica na possibilidade de revisar os supostos que apresentam como óbvio certo estado de coisas e as perguntas que são próprias desse estado de coisas naturalizado.

A questão desemboca, finalmente, na escola de hoje e nos jovens de hoje. Como ensinar filosofia pressupondo outra utilidade ou outro sentido que aquele que pode desprender-se do contexto atual da escolaridade?

A justificativa do ensino de filosofia em nossas escolas deve poder reconstruir o desolador diagnóstico realizado por Lyotard há alguns anos:

> O declínio dos ideais modernos junto com a persistência da instituição escolar republicana, que neles se apoiava, tem o efeito de lançar dentro do curso filosófico mentes que não estão em condições de nele entrar. A resistência destas mentes parece invencível, precisamente porque não coloca nenhuma luta. Elas falam o idioma que lhes foi ensinado e lhes ensina "o mundo", e o mundo fala de velocidade, gozo, narcisismo, competitividade, êxito, realização. O mundo fala sob a regra do intercâmbio econômico, generalizado a todos os aspectos da vida, incluindo os prazeres e os afetos. Este idioma é completamente diferente do idioma da aula filosófica, um e outro são incomensuráveis. Não há juiz que possa dar conta deste diferendo. O estudante e o professor são vítimas um do outro. A dialética e a retórica não podem ter curso entre eles: somente a agonística. (Lyotard, 1994, p. 121)

Por certo, "não aborrecerás" aparenta ser o imperativo pedagógico de nossos dias. Mas isso está longe de ser um comando que aponte a melhorar a motivação de uma aula ou a otimizar algumas disposições didáticas. A demanda se inscreve na unificação e na homogeneização dos espaços públicos em um mesmo modelo de funcionalidade e de análise: o que poderíamos chamar *a lógica do espetáculo*. Isto é, priorizar o entretenimento, promover a diversão, a chegada fácil, direta, eficaz. O paradoxo da instituição escolar é que ela se encontra diante da opção de continuar, mais ou menos como está (isto é, com uma forte marca iluminista, ilustradora e propagadora de saberes) ou "atualizar-se" de acordo com aquelas demandas.

O ritmo vertiginoso da imagem nunca será alcançado pelo andar mais lento da reflexão. Os tempos do pensamento são tempos outros que os dos programas televisivos de entretenimentos, do videoclipe ou da publicidade. Também se corre outro risco: ao absolutizar-se o recurso do impacto visual e a sequência vertiginosa, privilegia-se, quase que unilateralmente, o poder sintético da imagem ante o caráter eminentemente analítico da crítica que a filosofia contrapõe. Mas, além disso, como sustentamos, a filosofia tenta definir uma *atitude* perante a realidade. Isso significa, entre outras coisas, construir um campo de problemas ali onde antes eles não existiam. Não se tratará então de adaptar acriticamente os espaços curriculares filosóficos ao "mundo atual", mas de pensar as condições da adaptação, ou recolocar o lugar que lhes corresponderá.

Por outro lado, a lógica do espetáculo, no marco do entretenimento, promove um aspecto regressivo, já que acentua a passividade e a acomodação intelectual perante a incômoda atividade do constante interrogar. Na aula de filosofia, essa diferença de atitudes não é gratuita, porque marca as pautas de como encarar o ensino: em um caso, privilegiando a transmissão de saberes estandartizados, no outro, sustentando a tensão problematizadora do pensamento.

Se o ensino filosófico tratasse de adaptar-se aos parâmetros de utilidade do mercado e ao formato espetacular, correria o risco de transformar-se em uma espécie de instrumentalismo, mais ou menos oportunista. Talvez conviesse reservar para si a potestade de não colaborar, pelo menos de maneira direta, em adestrar para um mundo segundo os termos antes descritos, mas preferencialmente deveria "servir" para compreendê-lo e desconstruí-lo. O ensino de filosofia deveria contribuir, em seu exercício, para fazer dos estudantes agentes críticos capazes de pensar, avaliar e poder decidir da melhor maneira as condições de sua incorporação ao mundo de hoje.

Foucault considerava que o opúsculo de Kant "Que é a Ilustração?" havia deixado entrever uma questão-chave que até estes dias não deixou de inquietar à filosofia: a tematização do presente, a consideração da atualidade do filósofo. A interrogação que o filósofo realiza de suas condições contemporâneas e, diante das quais, ele tem que se situar, abre caminhos vitais: "O que acontece hoje? Que está ocorrendo agora? Que é esse 'agora', no interior do qual estamos uns e outros...? [...] Que é o que no presente tem sentido para uma reflexão filosófica?" (Foucault, 1991, p. 198). O filósofo sai do anonimato de uma tarefa impessoal e se situa como referente de toda investigação de seu presente.

> Dessa forma se completa ao mesmo tempo a combinação da Filosofia com um pensamento incitado pela atualidade dos acontecimentos contemporâneos: o olhar acostumado às verdades eternas se funde no detalhe prenhe de decisões, sob a pressão de possibilidades antecipadas de futuro excludentes do momento. (Habermas, 1988, p. 101)

Essa inquietude pela reflexão sobre o presente, que Foucault aponta, pode servir-nos para pensar uma maneira de guiar a tarefa do filósofo-docente. Pensar o presente da atividade de ensino do professor de filosofia supõe pensar o porquê das demandas que são formuladas ao sistema educativo e o espaço que ocuparia a filosofia dentro dele. A possibilidade de tematizar as condições concretas e as condições políticas que permitem, ou impedem, a circulação da filosofia escolarizada não somente atualiza um sentido para a filosofia, mas vitaliza o professor como um ativo pensador da própria prática. A reflexão sobre o presente estendida à aula é a chave para que os estudantes possam compreender o que subjaz ao fato de que lhes sejam requeridas certas coisas e não outras. A globalização, a comercialização à escala mundial e a onipresença do discurso empresarial mercantilizaram a forma de compreender o mundo e as relações sociais. Esse estado de coisas, que aparece como natural e óbvio, pode (e deve) ser abordado com agudeza. A necessidade de filosofia nesta época pode justificar-se recorrendo a uma de suas características fundantes: a *radicalidade* do seu interrogar. A pergunta filosófica é uma pergunta radical porque tem a velha pretensão de conduzir a um saber sem supostos, ou pelo menos, mais reservadamente, aspira a explicitar as condições de produção e reprodução de alguns saberes (e também práticas) consagrados.

Ser consequente com o perguntar uma e outra vez "por quê?" nos manterá alertas para que a tensão que a filosofia instala não se dilua, por exemplo, na discussão técnica de uma grade curricular. Isso, lamentavelmente, ocorreu na Argentina e também nos demais países da região. O debate em torno ao sentido da filosofia nas instituições escolares desta época se esgotou rapidamente na disputa pelo espaço de algumas matérias filosóficas nos novos currículos. A comunidade filosófica acadêmica (salvo muito raras e pontuais exceções) não se preocupou em absoluto com o destino da filosofia na escola. Isso mostra o pouco interesse que desperta nos pesquisadores em filosofia algo que se afaste minimamente de seu circuito erudito. A inquietude em relação ao presente, que antes havia sido ponto de mira da filosofia moderna, está longe de guiar as inquietudes da maioria dos filósofos profissionais de nossas universidades. Mas isso é também um sinal dos tempos que correm e neste mundo vivemos.

Pensar a filosofia como reflexão do presente e de suas condições de possibilidade supõe pôr em julgamento as consequências da velha herança da filosofia como "a mãe de todas as ciências" e que hoje somente contribui para desmerecê-la ou tirar seu valor específico. Com efeito, a filosofia, prolífica mãe de quase todas as ciências positivas atuais, veria hoje suas filhas já crescidas e maduras que deram rumo às suas vidas de maneira independente. Pouco ficaria então daquele núcleo compacto que englobava quase todos os saberes, e que com o tempo foi desmembrando-se nas disciplinas atuais. Cada vez mais, longe de poder ser considerada uma virtude, esse pesado legado dá hoje à filosofia um perfil pouco menos que inútil. Uma filosofia preocupada com as condições de seu presente situa os outros saberes, não como uma absurda competência, mas como o material de base de sua reflexão. O estado atual dos saberes disciplinares constitui as coordenadas básicas de uma educação significativa, na qual a filosofia deve desdobrar o seu potencial crítico. Neste sentido, a filosofia aparece como um saber de segundo grau que avalia suas condições de existência a partir da potencialidade de sua época.

A filosofia esteve sempre marcada com o estigma do saber inútil. Mas a defesa heroica de uma sábia "inutilidade" prática hoje satisfaz a muito poucos. A "utilidade", ou melhor, o "sentido" da filosofia pode consistir, simplesmente, em mostrar que os conhecimentos, as opiniões ou as relações estabelecidas não são naturais, que não estão dadas por si. O professor-filósofo poderia propor perspectivas de análise que tentem desnaturalizar o que parece óbvio, permitindo assim construir olhares problematizadores da realidade. A filosofia na escola nunca teria que ser "mais do mesmo", já que lhe é próprio incidir no que há.

Não sabemos se isto poderá ser – em um sentido amplo da expressão – sua "utilidade", não podemos saber que frutos isso produzirá. Mas talvez valha sim a pena defender um lugar onde se faça um alto lá na voragem da comunicação, na vertigem da irreflexão ou na repetição automática do que se diz. A aula escolar é um enorme campo de pressupostos que, se não forem explorados, condenarão a filosofia, efetivamente, à trivialidade, à pedantaria ou a uma muito ostensiva "inutilidade" prática. É essencial que haja um lugar e um momento para que, jovens e adultos, possamos *pensar* o mundo que vivemos e decidir como nos situarmos nele. Em definitiva, não é outra coisa que reviver a cada dia a atitude de quem filosofa, que não dá nada por suposto e não se conforma com o que os demais pensem por ele ou por ela.

Capítulo V

A formação docente: entre professores e filósofos

Se nos dispusermos a analisar com algum vagar o que está sintetizado sob a expressão "Formação docente em filosofia" ou "Formação de professores de filosofia", encontraremos não poucas dificuldades, e de diferentes níveis. Para além das querelas ideológicas ou pedagógicas que poderiam ter lugar em torno do termo "formar" – que neste trabalho não vamos abordar em detalhe –, a atividade de "ensinar a ensinar filosofia" assume, em sua implementação, um conjunto de supostos e prescrições que conviria revisar. É evidente que essa revisão haverá de nos confrontar, de imediato, com o problema medular do magistério filosófico: a tarefa de "ensinar filosofia", que já por si só, como sustentamos, abre-nos um panorama de enorme complexidade e que deve de alguma maneira ter sido contemplado para encarar a atividade correlacionada de "ensinar a ensinar filosofia".

Um professor de filosofia não se "forma" tão somente ao adquirir alguns conteúdos filosóficos e outros pedagógicos, para então em seguida justapô-los. Em realidade, vai-se aprendendo a ser professor desde o momento em que se começa a ser aluno. Em grande medida, se é como docente o aluno que se foi. Ao longo dos anos de estudante, vão sendo internalizados esquemas teóricos, pautas de ação, valores educativos, etc., que atuam como elementos reguladores e condicionantes da prática futura. De tal modo que um professor dispõe – quase que "espontaneamente"– de uma multiplicidade de teorias, em geral desconexas, instáveis, desarticuladas, algumas até contraditórias entre si, que foram sendo incorporadas, fundamentalmente, em sua experiência inicial como aluno, em seguida como estudante de licenciatura e depois, finalmente, como professor regente.

Em grande medida, acaba-se por ensinar como "se foi ensinado". A prática docente concreta conta, então, com um panorama variado de condicionamentos e influências, quase sempre implícitos ou inconscientes; um horizonte de verdadeiras "configurações de pensamento e ação que, construídas historicamente, se mantêm com o passar do tempo, enquanto estão *institucionalizadas, incorporadas às práticas e à consciência dos sujeitos*" (Davini, 1995, p. 20).

A função docente é uma representação complexa que está atravessada por várias questões. As tarefas acadêmicas que formam "o repertório de esquemas práticos do professor" não são adotadas ou inventadas de forma descontextualizada. São selecionadas de acordo com exigências que garantem a continuidade e a funcionalidade institucional. As tarefas dominantes, os programas a desenvolver e as condições do trabalho docente estabelecem uma relação que costuma achar um equilíbrio estável na prática, que os professores, "por economia profissional", não podem "inventar" nem questionar a cada momento.[1] Esses esquemas práticos – aos quais o professor recorre diariamente, quase sempre de maneira apressada premido pela urgência do tempo – constituem uma espécie de "imagem" do que pode ser a prática. Essas urgências costumam também impedir uma reflexão cuidadosa sobre as

[1] Ver GIMENO SACRISTÁN, 1992.

condições da própria atividade, acentuando muitas vezes a sensação de desassossego ou de impotência ante a tarefa cotidiana. O componente *real* do equipamento pedagógico que um professor dispõe para a sua prática é constituído, então, por aquele conjunto de teorias implícitas, valores e crenças pedagógicas que formam um *a priori* que não deve deixar de ser levado em conta.

Para Gimeno Sacristán, a formação da licenciatura opera com a crença tácita de que pode produzir competências profissionais que depois serão postas em ação quando os novos professores se incorporem à sua prática profissional. Tal pressuposto se liga a uma crença otimista sobre a fecundidade do conhecimento pedagógico e da experiência de formação docente. Pois bem, tal concepção é, no mínimo, problemática. Os estudos sobre a socialização dos professores destacam com regularidade que a preparação de professores é uma tarefa, em geral, de "baixo impacto" na configuração de sua profissionalização, e seus efeitos são débeis (Terhart, 1987). Como muito, poder-se-ia aceitar que se trata de uma fase de iniciação. Os saberes práticos que regulam a atividade profissional são adquiridos predominantemente nas experiências concretas das aulas e na vida institucional.

Portanto, não é possível cifrar todas as expectativas da formação docente no momento inicial (no que seriam as matérias específicas da licenciatura), mas deve-se pensar também nos momentos anteriores – no trajeto de estudante – e posteriores, ou seja, naqueles em que se faz efetiva a profissionalização de professores e professoras. Neste sentido, os encontros profissionais, as jornadas, ou inclusive as tarefas de "atualização", "capacitação" ou "aperfeiçoamento" docente em exercício, oferecem um espaço fundamental para questionar, discutir e recolocar as práticas e os saberes que estão sendo postos em jogo.

Na análise de toda atividade docente, é preciso levar em conta a bagagem de teorias implícitas, crenças pedagógicas, hábitos institucionais, etc., que conformam os saberes e as práticas que servem para manter uma coerência pessoal, em grande medida acrítica. Uma pesquisa cuidadosa no campo do ensino de filosofia deveria considerar esses esquemas práticos pessoais, já que a sua justa ponderação facilitará os caminhos para pensar a prática docente filosófica, em situações concretas.

Em virtude do que aqui foi dito, os espaços curriculares, orientados especificamente ao ensino de filosofia na formação inicial, têm um papel central na tarefa de iniciar um olhar reflexivo e crítico sobre o longo percurso que se teve como aluno. Sua função deveria permitir tematizar aqueles aspectos prévios e contribuir para que cada estudante construa uma proposta filosófico-pedagógica pessoal de maneira fundamentada e responsável, que seja coerente com as linhas filosóficas que ele sustenta e que opere como uma espécie de hipótese geral para a futura atividade. Tal proposta constitui um ponto de articulação reflexivo e crítico, que vincula estrategicamente a biografia escolar e acadêmica dos alunos às suas decisões filosóficas e seu futuro "perfil" de professor. Posteriormente, a prática docente efetiva vai mostrar as virtudes ou as falências da proposta inicial, e dará lugar às modificações ou transformações que se creiam convenientes.

Os estudantes de licenciatura de filosofia percorrem um importante trajeto como aprendizes de conteúdos específicos *de filosofia*. Ou seja, eles conhecem e vivem, na própria experiência, o que todos seus professores de filosofia consideram que é a filosofia e também o que supuseram que seja ensiná-la, e aprendê-la. Através dessa experiência como alunos, eles foram conformando, em geral de maneira bastante acrítica, uma ideia do que significaria ser um "bom" ou um "mau" professor. No processo de sua aprendizagem, eles foram constituindo-se como estudantes, mas também como docentes, já que, de maneira consciente ou inconsciente, ao lado de alguns conteúdos de filosofia, "aprenderam" diversas formas de ensiná-la. O fato de que as concepções de filosofia e de ensino que foram incorporadas sejam matizadas ou pouco variadas fará com que a experiência de formação tenha maior ou menor riqueza.

Cada concepção de filosofia supõe um recorte de temas e uma proposta de acesso à filosofia (de transmissão ou ensino) porque vincula o *que* e o *como* ensinar de uma maneira particular. A formação que se teve impõe, mal ou bem, um *que* de leituras filosóficas canônicas e um *como* ensinar. Mas destaquemos que se trata de "leituras", ou seja, de seleções e interpretações que foram feitas pelos professores que se teve. Como gosta de dizer Jorge Larrosa, cada um de nossos professores nos transmitiu a "sua biblioteca". Mas também nos transmitiu uma forma de ler seus livros e uma forma de fazer pública essa leitura e, portanto, essa interpretação. Isso é o que nos "formou" em grande medida como filósofos ou filósofas e como professores ou professoras de filosofia. O que nos interessa marcar é que grande parte dessa aprendizagem que nos constitui como filósofos docentes nunca é tematizada, e suas influências, que são enormes, formam parte de uma espécie de naturalização de nosso passado acadêmico.

Nos primeiros capítulos, propusemos debruçar-nos sobre o vínculo que tem o professor com a filosofia. Isso tem uma consequência importante com relação ao olhar crítico sobre a própria formação, já que supõe revisar desde onde se acedeu os filósofos nos estudos iniciais. Quais as leituras ou interpretações – de Descartes, Kant ou de todos os filósofos estudados – foram feitas pelos professores que guiaram a etapa de formação do docente ou do futuro docente. Se se ensina, por exemplo, que a filosofia tem a importante função de desnaturalização, não se poderia assumir como naturalizada a interpretação que cada um "aprendeu" no seu primeiro acesso aos filósofos nem muito menos considerar ingenuamente que ela seja a única. Isso é importante porque os estudos de formação inicial têm uma grande força naturalizadora – em relação à concepção de filosofia que depois será assumida, às interpretações que se faz da obra dos filósofos estudados ou ao que se internaliza como "ensinar e aprender filosofia"–, que nunca é avaliado em toda a sua dimensão.

Como já dissemos, a formação de um professor de filosofia não é a consequência de assistir a algumas disciplinas pedagógicas ou didáticas que se juntariam em algum momento com outras mais especificamente filosóficas, mas corresponde a toda a formação em seu conjunto. Pese a que pareça uma obviedade, não é demais enfatizar que *todos* os docentes "formam" aos futuros professores e professoras, e não apenas aqueles das disciplinas "pedagógicas" (além do fato que muitos professores especialistas consideram que apenas ensinam a sua especialidade filosófica). No ato de ensinar algum tema filosófico ensina-se também, ainda que não se o evidencie, a ensiná-lo. O que ocorre é que este último não costuma ser um propósito explícito de muitos professores, porque assumem que só "formam" em "conteúdos filosóficos" – e, portanto, não é de seu interesse tematizar como eles ensinam –, ou porque estão constituídos, e por sua vez constituem, no senso comum pedagógico do que falávamos anteriormente, ou ambas cosas.

Um futuro professor ou professora se "forma", então, no decurso de toda sua formação, especialmente nas matérias "não pedagógicas". Quem chega aos cursos específicos de ensino ou didática da filosofia conta em seu repertório com certa bagagem filosófica e com outra, em geral, acriticamente didática. A constatação desse estado de coisas é talvez o ponto de partida que teria que ser assumido na formação de professores. Com efeito, não se pode "ensinar" a ser uma boa professora ou um bom professor "em geral", independentemente do que cada um e das experiências, filosóficas e de aprendizagens filosóficas, que teve. Haveria que retomar o lema de Píndaro, "Venha a ser o que tu és", para recriá-lo no terreno filosófico-docente: *venha a ser o professor ou a professora de filosofia que já és*. Os professores de didática poderiam acompanhar os seus alunos em seu trabalho de reflexão e autodescobrimento, e posterior tomada de decisões filosóficas e didáticas. Mais do que transmitir formas *standards* de ensinar – supostamente repetíveis por qualquer um, em qualquer situação – deveriam contribuir para que cada um construa, da maneira mais meditada possível, a própria forma de ensinar, de acordo com o que eles ou elas são, e vão ser como docentes.

Mas se se pressupõe que não há *uma* forma de ser bom professor e que o que um professor seja depende, em grande medida, do que ele já é e das escolhas filosóficas e pedagógicas que assuma explicitamente, o problema que se apresenta na formação docente é o que ensinar que possa ser significativo para a autoformação desse futuro professor ou professora. Que se pode oferecer para que alguém "aprenda" a ensinar filosofia, construindo, por sua vez, o próprio caminho de professor-filósofo ou professora-filósofa? Como propor algumas condições mínimas que sejam potenciadoras, e não homogeneizadoras, das opções filosóficas e didáticas que assuma cada futuro professor ou professora? Certamente, não é possível avançar sem estabelecer alguns supostos –

ou pelo menos reconhecendo-os como tais circunstancialmente – que permitam vislumbrar aquelas condições mínimas para a existência de cursos de didática ou ensino de filosofia. Não poderíamos aqui estender-nos demasiado nessa questão – que implicaria talvez a fundamentação de um programa –, e por isso só mencionaremos algumas linhas possíveis na direção que estamos colocando.

Se formos consequentes com o dito até aqui, o ponto de partida que os cursos, que têm como objeto ensinar a ensinar filosofia, poderiam assumir seria, em primeiro lugar, a problematização da questão "ensinar filosofia". Isso suporá armar, entre docentes e estudantes, uma série de interrogantes que desnaturalizem tal questão, e cujas respostas começarão a definir um posicionamento ante o ensino de filosofia. Por exemplo: que significa "ensinar" filosofia? Pode-se ensinar filosofia sem ter uma concepção unívoca do que ela é? Que se ensina em seu nome? Quando se aprende filosofia? Que se aprende (certa informação, um proceder, uma atitude, etc.)? Pode-se ensinar a filosofar? O professor deve ser filósofo (se não o é, que ensina)? Como influi o contexto – nível, características do grupo de alunos, instituição, etc. – no ensino? Que relação existe entre "a filosofia" e "a filosofia *ensinada*", etc.

Esse caminho leva cada estudante a visualizar a complexidade da questão e também a ter que se enfrentar com questionamentos pessoais: quando *eu* "aprendi" filosofia? "Que" aprendi? Como?, etc., iniciando desse modo um processo de revisão do próprio vínculo com a filosofia, com o ensinar e com o aprender. Talvez um dos aspectos fundamentais de um curso com essas características seja criar um âmbito para que essa revisão possa ter lugar, individual e coletivamente, em um clima amistoso de diálogo e reflexão (já que implicará reconhecer-se nas trajetórias dos estudantes, revisar escolhas filosóficas, supostos pedagógicos e institucionais assumidos, em geral, acriticamente, aspirações, temores, etc.).

A formação docente em filosofia deveria "formar", basicamente, alguém que esteja em condições de resolver o problema de ensinar filosofia, em situações diversas. Não alguém que tenha meramente "ferramentas" para ensinar, mas alguém que seja capaz de avaliar os supostos que acompanham as distintas ferramentas (filosóficas e pedagógicas, mas também sociais, de gênero, culturais, etc.) e por que foram assim desenhadas, com que objetivo, com que sentido. Isso permitirá que os futuros professores e professoras estejam em melhores condições para escolher os seus métodos e recursos para ensinar, em consonância com seu compromisso com a filosofia e com a educação.

Converter a questão "ensinar filosofia" em um problema filosófico modifica também a sequência tradicional da didática da filosofia, que privilegia o "como" ensinar, para colocar então em primeiro lugar a análise do "que" ensinar. O "que" não será simplesmente um tema filosófico, mas segundo o que sustentamos até aqui, envolve uma tomada de posição perante a filosofia e o filosofar. Essa colocação, por sua vez, outorga um forte protagonismo aos professores nas decisões sobre as estratégias a desenvolver para levar adiante o seu ensinar, já que tais estratégias resultarão da integração das posições filosóficas e pedagógicas pessoais, com a avaliação das condições e do contexto em que o ensino terá lugar. Nesse sentido, cada professor e cada professora estão comprometidos com a construção da "sua" didática com base na sua concepção de filosofia. Em alguma medida, terão de ser então, ao mesmo tempo, filósofos e professores. Por sua vez, toda formação docente inicial deveria ter como objetivo central que o estudante pudesse construir ou encontrar *sua* forma de ser professor ou professora, sabendo que essa forma não é única, e que seguramente vai variando no decorrer do tempo e de sua prática profissional.

Reiteremos que o que chamamos, em sentido estrito, "formação" não pode deixar de ser autoformação e isso implica *trans*-formação. Quer dizer, atravessar o que os demais (as instituições, os professores, o Estado, etc.) contribuíram para conformar o que cada um é, para assumir, individual e coletivamente, o que se quer ser. Isso supõe o duplo movimento de pensar-se em um mundo e, em consequência, pensar o mundo. Em definitiva, constitui o desafio de transformar-se realmente em *sujeito* da educação, o que pressupõe deixar de lado as tutelas para converter-se em protagonista da própria formação.

Capítulo VI

Ensino de filosofia, instituições educativas e Estado

> Penso, em primeiro lugar, que se eu quisesse dedicar-me ao ensino da juventude, deveria renunciar a prosseguir minhas investigações filosóficas. Por outro lado, ignoro dentro de que limites minha liberdade filosófica deveria ser contida para que não parecesse que quero perturbar a religião oficialmente estabelecida; pois, os cismas não nascem tanto do ardente amor à religião quanto da diversidade das paixões ou do afã contradizer que desvia o sentido e condena todas as palavras, mesmo as que são expressão de um reto pensar. (Spinoza, 1988, p. 153)

> Hoje em dia, a filosofia não é exercida como uma arte privada - como ocorria na Grécia clássica - mas ela tem uma existência oficial que concerne ao público, posto que está fundamentalmente a serviço do Estado. (Hegel *apud* Macherey, 1994, p. 118)

> A filosofia [...] é a verdadeira preceptora dos cidadãos de uma república. Ela é essencialmente a investigação livre, o pensamento independente liberado, ainda que não de toda regra, mas de toda servidão. É, por isso, a aprendizagem necessária ao exercício de todas as liberdades; posto que a liberdade de pensamento é a fonte e a condição de todas as outras. (Jacques, 1988, p. 349-350)

A relação entre a filosofia, sua difusão ou seu ensino, e o Estado teve uma origem trágica: a morte de Sócrates. A palavra de quem para o Ocidente foi justamente a referência por antonomásia da filosofia se tornou insustentável para um Estado que também foi, para o Ocidente, um ponto de referência para a organização cidadã. Recordemos as acusações que lhe foram formuladas: corromper a juventude e difundir outros deuses que aqueles que poderíamos chamar, "oficiais". O incômodo interrogador, por ser consequente, teve que pagar com a sua vida. Para além da sua especificidade histórico-filosófica, o caso socrático serve para nos alertar que compatibilizar a liberdade do ensino da filosofia com as exigências próprias da institucionalização dos saberes pode supor alguns conflitos. Pareceria que a filosofia deve negociar, tal como qualquer saber ou prática que aspire a ser ensinado em instituições oficiais, as condições de sua inclusão nos planejamentos de estudo ou nos programas curriculares. Mas a questão é se nessa negociação a filosofia não perde o essencial de si mesma e se o custo de sua aceitação não significa sua transformação em mais um conhecimento, isto é, num conjunto de informações que devem ser reproduzidas de acordo com pautas prefixadas.

A *Apologia de Sócrates*, de Platão, talvez seja um dos textos filosóficos que com maior força põe de manifesto a dificuldade que significa decidir o lugar institucional da filosofia. O julgamento e a morte do personagem Sócrates sintetizam que o que ali aconteceu foi muito mais do que o que o Estado ateniense de então estava em condições de suportar. Mas por que o poder político do século V a.C. encontrou, em um ancião que negava ensinar a verdade e que reconhecia não saber nada, um perigo radical para as suas instituições? Extrapolando as bem conhecidas acusações, poderíamos responder com outra pergunta. Poderia admitir-se hoje num espaço escolar – isto é, no âmbito onde um Estado dispõe da responsabilidade da transmissão e reprodução de uma cultura e um laço social – a presença de um "corruptor de jovens", não crente nos deuses da *pólis* ou introdutor de novas e estranhas divindades, ou seja, alguém que questiona as tradições fundantes de uma sociedade? A vontade normalizadora do Estado ateniense não reconheceu a irrupção de uma palavra diferente da esperada na reprodução da relação entre mestres e discípulos. A novidade que Sócrates traz excede a institucionalização habitual daquele vínculo e faz explícita a incomensurabilidade entre a circulação livre da palavra filosófica e o controle estatal.

O sintomático é que Sócrates é o referente máximo de toda filosofia escolarizada e institucionalmente reconhecida. A entrada de Sócrates no panteão dos heróis filosóficos e, em especial, sua universal difusão acadêmica e escolar, teve um custo muito alto para a filosofia: o desvanecimento de sua radicalidade, a perseverança na dissolução de certezas e a morigeração de toda revisão dos limites institucionais nos quais se inscreve.

A escolarização habitual da filosofia platônica conseguiu isolar a dimensão política subversiva que poderia seguir-se do Sócrates questionador até a morte. Porque o pensamento não tem limites, e as consequências de sua livre implementação constituem um risco que o Estado deve procurar neutralizar. Que isso se faça em nome do bem comum ou que seja feito para o benefício de uns poucos não invalida a necessidade do Estado de regular o que se diz, e, sobretudo, o que circula através das suas instituições. Em geral, a figura do Sócrates mais dogmático, o que sustenta a ordem social da *República*, é o que, em rigor, costuma prevalecer ideologicamente sobre aquele dos primeiros diálogos. A presença de um Sócrates sábio e heroico, modelo de vida, só é administrável se se elimina qualquer analogia dirigida ao presente que problematize os laços dominantes da consistência social. A atitude filosófica radical e desnaturalizadora só poderá ser apresentada seguindo uma narrativa, ou uma leitura tutelada, que conjure qualquer perigo.[1] O que "aconteceu" a Sócrates teria sido apenas uma injustiça que a história da filosofia teria finalmente reparado. O destino final do seu pensar insolente e seu agir que incomoda foi entrar nas aulas à custa de sua esterilização. Ou seja, foi devida e cuidadosamente normalizada para encontrar um lugar nos programas oficiais. Seu ingresso de pleno direito na enciclopédia filosófica - ou na cultura geral - tem como resultado que aquele pensamento que questionava os saberes e as práticas dominantes da Atenas do século V a.C. venha a se transformar em um conhecimento reconhecível, ensinável e admissível para os contextos educativos contemporâneos.

É interessante notar que Platão acreditava que a maneira de resolver o conflito dramático que Sócrates viveu seria configurar um Estado à medida da filosofia. No final das contas, o que ele propôs foi uma solução extrema: que o filósofo fosse governante. Isso dissimulava que o conflito entre a atitude filosófica e a ordem social, além de ser o marco da morte de Sócrates, também constitui uma origem contingente - mas ao mesmo tempo fundante - da própria filosofia. Platão tomou como seu desafio político (e filosófico) a superação desse problema, ou seja, uma *pólis* justa seria a que tolerasse Sócrates filosofando, oficialmente. No pensamento platônico canonizado, a filosofia, ainda que seja também um modo de vida, já não é uma atitude interrogativa radical, mas, fundamentalmente, uma doutrina, algo ensinável e *disponível como um conhecimento que se pode administrar*. Fazendo um exercício imaginativo, é bastante difícil conceber Sócrates na *República*, isto é, convertido em funcionário: um rei-filósofo que tem respostas para tudo porque tem o conhecimento dos fundamentos últimos.

---

[1] Cf. FOUCAULT, 1993.

Temos, então, que uma primeira aproximação ao vínculo entre a filosofia, sua transmissão e o Estado revela um aspecto distintivo. O questionamento filosófico (ou a radicalidade do pensamento) encontra limites à sua circulação em prol da necessidade de assegurar o laço social. O Estado cumpre politicamente essa função geral reguladora, que tenta garantir a continuidade daquilo que liga cotidianamente, através das disposições, das normas, das direções escolares e também através dos mestres e professores, que nisso operam como "funcionários" de tal Estado.

Hoje em dia, a tarefa de *ensinar* filosofia é levada adiante, formalmente, em instituições educativas que lhe outorgam um espaço e um tempo, definidos junto com o ensino de outras disciplinas. A escola atual não se afastou, de maneira substancial, da sua configuração moderna, motivo pelo qual é possível reconhecer nela, com algumas modificações, a estruturação clássica surgida no século XIX. O ensino filosófico nos situa, de maneira explícita ou implícita, diante dos limites educativos institucionais. Em virtude das decisões que sejam tomadas com respeito ao sentido outorgado ao ensino da filosofia, pode ocorrer que não se vá mais além da reprodução dos saberes estabelecidos ou se abra a possibilidade de construir nas aulas um espaço para o pensamento.

O fato de que os objetivos básicos de nossas escolas atuais não se tenham deslocado substancialmente dos objetivos clássicos da modernidade se faz explícito no vínculo essencial entre transmissão e aquisição de conhecimentos, e a promoção da liberdade do indivíduo. Portanto, expressa, ao mesmo tempo, as contradições da constituição social do liberalismo e as modalidades de sua reprodução. Em especial, atualiza permanentemente a tensão entre "educar" para exercer a soberania (forjar sujeitos livres) e exaltar a necessidade da obediência (promover indivíduos governáveis). Nesse panorama, pareceria que a filosofia, para ser aceita, deveria negociar as condições de sua expressão e subordinar-se, em última instância, à lógica reguladora do Estado.

A expressão "educação" enquanto *corpus* disciplinar sintetizou, tradicionalmente, um conjunto heterogêneo – de práticas e teorias vinculadas à transmissão dos conhecimentos, da cultura e das relações sociais – que, afirma certos enunciados, se coloca alguns problemas funcionais e propõe, por sua vez, soluções funcionais a esse respeito. Também difunde valores, reproduz saberes e práticas, estimula certas ações e dissuade (ou oculta) outras.

Se a considerarmos desde a sua potencialidade desnaturalizadora ou crítica, a inserção da filosofia na educação institucionalizada poderia supor alguns conflitos. Se se associa a filosofia com a difusão daquele tipo de práticas, isto é, com o que *há que* ou *se deve* transmitir, ou com a fundamentação do que *se deve fazer*, então ela será convertida em um meio. Ela é então transformada em um mero instrumento, eminente talvez, mas, ao fim e ao cabo, um instrumento, de justificação e mediação entre certos objetivos socioculturais e políticos – definidos em um âmbito concreto: exemplarmente, o das políticas educativas e das decisões de Estado –, e a comunidade. Pouca diferença faz o fato de que tal transmissão se baseie, por exemplo, no texto de uma constituição nacional ou em certos preceitos morais ou religiosos; já que a chave é que se está utilizando a filosofia como uma simples justificadora ou promotora da difusão de valores, crenças ou ideologias – que, em última instância, são os dominantes –, ou como uma fonte supostamente "neutra" de prescrições ou normas. Mas, de todo modo, é pensável uma expressão "livre" da filosofia nas instituições educativas?

Como análise contextual, é interessante recordar as diversas modificações dos sistemas educativos nacionais que tiveram lugar em quase toda a América Latina, à luz das reformas espanholas, a partir da década de noventa, e o lugar que nelas se tentava dar à filosofia. Daria a sensação que, ainda que tenha sido difícil encontrar nos novos programas curriculares um espaço mais ou menos estável e autônomo para uma disciplina que tivesse o nome de "Filosofia", já não foi tão difícil desenhar uma multifacética e onipresente "Formação ética e cidadã". E isso não é um dado menor. Constitui a decisão política de enlaçar filosofia, educação e Estado com um sentido utilitário de acordo com a tônica dos tempos de reformas neoliberais. Certamente, não é o mesmo ensinar a disciplina filosófica "Ética" do que "Formação ética e cidadã". A vontade de construção simultânea de uma "formação ética" e uma "formação cidadã" mostra, mais do que uma preocupação filosófica, uma intencionalidade prática de constituir um vínculo essencial entre ética e política, baseado fundamentalmente nas ações e nas decisões individuais, mais do que nas coletivas. Naturaliza-se a passagem do julgamento moral individual e pessoal para o resultado da ação pública, o que dilui o sujeito político (que é coletivo) no sujeito moral (que é individual).[2] Quando se procurou que a filosofia tivesse um sentido educativo de justificativa moral, que pudesse ser aplicado à política, acabou-se por debilitá-la de maneira substancial já que, como adiantamos, ela foi instrumentalizada para permitir a reprodução de um Estado dominante.

Por sua vez, ensinar as disciplinas filosóficas "Ética" ou "Filosofia Política" implica, em última instância e de maneira

---

[2] Nesta tônica, a qualificação de corrupção de um funcionário ou governante, por exemplo, tem mais peso "político" que o reconhecimento da injustiça de suas ações.

central, tematizar criticamente a pertinência dos princípios ou dos valores, ou a significação da norma (o *porquê* e suas consequências) e não simplesmente a necessidade de sua obediência. Nesse aspecto, à filosofia lhe importa muito mais analisar o significado político que a *obediência* tem na constituição das sociedades, ou os alcances que se atribuem hoje ao conceito de *cidadania*, do que incorporá-los acriticamente. Muito pouco se ganharia desde o ponto de vista filosófico se, por exemplo, se ensina a Declaração dos Direitos Humanos como o novo decálogo destes tempos de capitalismo globalizado. Seguramente será mais significativo para o olhar filosófico problematizar como grande parte da legitimação política do Ocidente, desde a Segunda Guerra Mundial até hoje, girou em torno aos direitos humanos. Com certeza, uma coisa é ensinar "direitos humanos" e outra visualizar e explicitar as condições que fazem com que hoje isso possa ser um tema importante para a discussão filosófica.

As instituições educativas não são lugares neutros. Conformam o cenário de permanentes e múltiplas disputas políticas, econômicas, sociais e culturais. Tampouco os saberes que circulam por ela são ingênuos. Os conhecimentos que chegam a institucionalizar-se e a radicar-se nos programas oficiais costumam ser o que emerge de enfrentamentos, conflitos e lutas de poder que o resultado final dissimula ou quase nunca permite vislumbrar. Mas também tanto os conhecimentos como as práticas consagradas que se dão no interior dos estabelecimentos educativos se entrecruzam com os seus hábitos burocráticos, seus saberes empíricos, suas tradições administrativas, que, por sua vez, geram novos saberes e práticas que têm tanta força quanto os primeiros. Tudo isso não deixa de produzir permanentemente efeitos de dominação e homogeneização.

Não é do interesse deste trabalho aprofundar a função institucional que se quis dar à filosofia em distintos momentos, nem no modo como o Estado procurou mantê-la entre seus elementos constitutivos, em especial como instrumento para a criação de "consciência" cívica. Mas, como hoje uma das formas dominantes em que se institucionalizou a relação entre a filosofia e o Estado foi através das noções de cidadania ou direitos humanos, não quisemos deixar de mencionar essa circunstância. Antes, o que tentamos fazer nesta parte é, fundamentalmente, mostrar que o ensino de filosofia, ao tentar exercer-se livremente, encontra-se com limites que tocam o institucional. A questão é que esse reconhecimento de limites não se consuma em mera reelaboração de conteúdos filosóficos para fazer com que eles concordem com as normativas da vez, mas se refere ao próprio do filosofar. O fato de que o atual professor de filosofia seja um funcionário do Estado pode definir um papel institucional mais ou menos importante na reprodução do estado de coisas, mas não esgota necessariamente a fertilidade do lugar em que se inscreve. As escolas, ou as instituições educativas em geral, são lugares de encontros entre pessoas, saberes, tradições, pensamentos. Portanto, a dimensão eventual de toda prática educativa, e da filosófica em especial, constitui o suplemento permanente de toda repetição, por mais intensa ou fechada que aparente ser. Todo saber está sempre exposto a ser interpelado e nisso a filosofia joga sua condição de possibilidade.

Mencionamos que, quase desde as suas origens, muitas vezes se pretendeu vincular a filosofia à cidade (à *pólis*, ao espaço público ou à cidadania), através da educação. Nesse sentido, a filosofia sempre teve algo a ver com a política. Mas os tempos mudaram, e o sentido que pode atribuir-se à "necessidade de filosofia" é diferente. Já havíamos adiantado qual é, a nosso critério, a dimensão "política" que o Estado atual outorga à sua educação, e como ela fica circunscrita ao ensino da vida democrática. Nesse marco, adquiriu um lugar central o ensino da cidadania própria às sociedades capitalistas parlamentares atuais, vinculada de maneira essencial com a vigência de políticas de direitos humanos. Assinalamos que, dentro dessa lógica, o lugar que, na maioria dos casos, se tentou outorgar à filosofia foi o da facilitação ou promoção daquele ensino. Também esclarecemos que tal função recorta notavelmente o sentido que poderia ter o ensino de filosofia nas instituições educativas, ao se privilegiar mais uma funcionalidade pragmática do que sua potencialidade crítica. Por certo, muito mais do que "explicar", por exemplo, quais são os direitos humanos, a filosofia pode fazer perguntas que estejam na base deles, que levem a indagar, por exemplo, por que, se são sistematicamente violados, se convive com esse procedimento, até o ponto de havê-lo naturalizado Que significa que, em muitos casos, seja o Estado "democrático" o que viola esses mesmos direitos e, no entanto, também aceite essas violações, para além de algum conflito ocasional, como "males menores"? Qual é a relação entre a formalidade de sua enunciação e a realidade de sua vigência efetiva? É possível fazer uma análise filosófico-política dessa circunstância?, etc.[3]

Poderíamos afirmar que a "formação em valores" (cívicos, morais ou religiosos) não é o *essencial* do ensino da filosofia. Em todo caso, é algo que poderá ser compartilhado com as demais disciplinas. A função da filosofia na escola tampouco seria a de dar ferramentas aos jovens para adaptarem-se ao mundo de hoje, mas antes mostrar diversos recursos teóricos que possam ser utilizados para *pensá-lo* e eventualmente transformá-lo. A filosofia é fundamental para formar sujeitos críticos capazes de questionar a validade de

[3] Ver CERLETTI, 2008: "El sujeto (político) en la educación", p. 110-120.

uma argumentação, a legitimidade de um fato ou a aparente inquestionabilidade do que é dado. É sua tarefa por excelência promover um pensar agudo que possibilite desmistificar a ilusão de que certos saberes e práticas são "naturais", mostrando as condições que fazem que se apresentem de tal maneira.

O projeto moderno integrou a filosofia à função geral da escola na formação de agentes livres e futuros cidadãos, a partir de uma vinculação estreita com as políticas de Estado. Mas, como dissemos, os tempos estão mudando. Mudam os jovens e sua relação com a escolarização, variam os contextos sociais, e a globalização está modificando o sentido dos Estados nacionais. As formas institucionais de reprodução social e cultural se modificaram sensivelmente. Nas escolas, hoje, tem lugar diversos focos de conflitos que interpelam a construção tradicional de identidades. A escola, como também afirmamos, manteve quase que a mesma estrutura pedagógico-institucional de há mais de um século e, na reacomodação constante aos tempos que correm, joga sua capacidade reprodutora e sua eficácia integradora. Nesse marco, o sentido que pode ter ensinar filosofia na escola deve ser repensado de maneira substancial. Mas também deve pensar-se, fundamentalmente, que dimensão crítica cabe à filosofia e quais são os limites que sua inserção institucional lhe impõe.

Capítulo VII

Em direção a uma didática filosófica

Tendo chegado neste ponto, pode surgir uma interrogação premente: como se faz para levar o dito até aqui à prática, coerentemente? Qual é a consequência didática das diversas ideias postas em jogo até agora em relação ao ensino de filosofia? Retomemos então o que foi dito na Introdução e reiterado ao longo do livro: não há maneira privilegiada ou um método eficaz de ensinar, porque essa maneira dependerá do professor-filósofo ou da professora-filósofa que se seja e das condições em que se tente esse ensino. Pretender dispor de um conjunto de estratégias (um método, ou inclusive uma *didática*) que serviriam para ensinar, com mais ou menos sucesso, qualquer tema filosófico a qualquer aluno em qualquer contexto é ilusório – e muitas vezes frustrante – porque cada circunstância de ensinar filosofia é uma singularidade; mas, sobretudo, porque a aparente possessão daquelas estratégias costuma ocultar os supostos filosóficos e pedagógicos de todo ensino, e dissimular as decisões filosóficas que os professores devem tomar no dia a dia das aulas, em virtude das condições em que ensinam.

A "didática" da filosofia é uma construção (uma base conceitual teórica e prática) que deveria ter a vitalidade de atualizar-se todos os dias. Em cada atividade proposta, põe-se em jogo a relação que cada professor tem com o filosofar e seu ensino. Não seria admissível nem um ensinar nem um filosofar diante dos quais os próprios professores fossem mediadores passivos ou do qual se sentissem alheios. Devido a isso, aqueles que ensinam filosofia nunca poderiam ser simples técnicos que apenas aplicam receitas ideadas por especialistas. Que, por economia profissional, por excesso de trabalho ou por qualquer outro motivo, um docente se repita em suas propostas – sem levar em conta os contextos e a particularidade de cada um dos cursos em que ensina – representa uma complicação que excede o sentido específico do ensino. Lamentavelmente, essa circunstância não é inabitual e constitui um dos aspectos mais delicados da reflexão sobre o ensino de filosofia, já que testemunha a irrupção das condições materiais do trabalho docente na qualidade do próprio ensino.

Quem ensina filosofia deve ter se perguntado, com a radicalidade que implica uma pergunta filosófica autêntica, *por que* e *para que* vai ensinar filosofia a *esse* grupo ao qual vai dirigir-se. Por certo, esses interrogantes supõem, por sua vez, ter assumido algumas decisões com respeito ao *que é* filosofia. Em consequência, avaliar-se-á e se determinará *como* fazê-lo, nas condições particulares em que se daria *esse* ensino. Como sustentamos com insistência, o *como* estará vinculado intimamente à concepção que se tenha de filosofia e o filosofar, e ganhará seu pleno sentido no contexto real do ensino.

O fato de que as autoridades educativas implementem programas curriculares que enquadram o ensino ou definam certos "conteúdos mínimos" a desenvolver nos estabelecimentos oficiais não constitui, por si só, nem um impedimento nem uma garantia de que haja ensino filosófico. No caso da filosofia, qualquer conteúdo prescrito vai ter de ser atualizado filosoficamente pelo professor, para que a sua aula se converta em um espaço para o pensamento. Desde a normativa oficial pode-se, por exemplo, promover o "pensamento crítico", mas se não se ensina criticamente, o "pensamento crítico", enquanto mero conteúdo formal, ficará esterilizado de sua potencialidade disruptiva.

Quando se estabelece um programa curricular, pressupõe-se uma espécie de aluno "médio", ao qual o programa estaria dirigido.[1] Essa construção pedagógico-ideológica é uma ficção que torna invisíveis as origens culturais, o pertencimento à classe social, as distinções de gênero, etc. Por isso nunca é possível "aplicar" ou pôr em execução um currículo sem a intervenção criadora do docente, que é quem deverá assumir as condições "reais" do ensino. No caso da filosofia, isso é particularmente significativo. Se ensinar filosofia implica ensinar a filosofar, deve-se esperar sempre de quem "aprende" a intervenção ativa no perguntar filosófico e na busca de respostas, e isso não se pode levar adiante a não ser sob certas condições que o professor deverá poder viabilizar.

Construir o problema filosófico "ensinar filosofia" requer aceitar que se trata de uma questão de conceito e não apenas, ou simplesmente, de estratégias de ensino, de didática ou de metodologia. Levar ao conceito ou "ensinar filosofia" exige, por sua vez, reconhecer que as estratégias didáticas teriam um valor relativo diante das posições filosóficas que terão de ser assumidas, e poderão variar ante as diferentes decisões tomadas perante o problema "ensinar filosofia". Por certo, uma mesma proposta didática pode não ser "boa" ou "má" em si, mas seu valor estará dado pela integração que tiver dentro do quadro conceitual que o professor construiu e que ele desenvolve na aula junto aos seus alunos. Isso, como

---

[1] Algo similar acontece com o potencial destinatário dos livros didáticos.

já dissemos, supõe decisões, em primeiro lugar filosóficas, e a seguir, didáticas. Portanto, a "maneira" de ensinar dependerá, mais do que da aplicação de técnicas gerais ou supostamente neutras, da relação de cada professor com a filosofia, e do lugar que na aula se concede ao filosofar.

O significado de haver encarado perguntas do tipo por que ou para que filosofar tem grande relevância na medida em que o ensino de filosofia – salvo nos estudos superiores, e naqueles casos em que os estudantes escolheram fazer uma formação em filosofia como destino acadêmico – está dirigido majoritariamente àqueles que talvez não tenham nada mais do que um único contato institucional com ele. Um curso de filosofia no ensino médio ou nos cursos técnicos profissionalizantes se insere em um enorme quadro fragmentário de disciplinas dissímeis e desconectadas, colocado sob os olhos dos estudantes que o assimilam como podem. A responsabilidade do professor é conseguir que esse breve momento de contato com a filosofia seja significativo na vida escolar de um aluno. Se essas circunstâncias permitem, como viemos propondo, que os alunos cheguem a compartilhar o olhar sobre o mundo que os filósofos têm ou comecem a adquirir uma *atitude* filosófica, grande parte do esforço do professor-filósofo estará justificado.

Ensinar é colocar alguém na antessala de desafios que, em última instância, são pessoais. O que caberia a um professor de filosofia seria estimular a levar adiante esse desafio. Filosofar é atrever-se a pensar por si mesmo, e fazê-lo requer uma decisão. Há que *atrever-se* a pensar, porque supõe uma maneira nova de relacionar-se com o mundo e com os conhecimentos, e não meramente reproduzi-los. E isso implica incerteza. Pensar supõe que há algo novo com o que alguém se confronta. É uma atitude produtora e criadora, não é meramente uma reprodução ou repetição do que há. Certamente, o que habitualmente se chama "ensinar" costuma não ser nada mais que informar sobre o produto do pensamento de outros, o que chamamos "conhecimentos".

Pois bem, para começar a vislumbrar uma didática da filosofia, deveremos ter presente algumas questões. Em primeiro lugar, considerar que a sala de aula é um âmbito em que é possível formular perguntas filosóficas com a radicalidade que elas implicam, e não um lugar em que o professor somente oferece respostas a perguntas que seus alunos não formularam. De maneira correlata, sustentar que ensinar filosofia exige a construção de um âmbito para o filosofar. O objetivo final de todo professor de filosofia deverá ser fazer de seus alunos, em alguma medida, *filósofos*. Em virtude disso, deverá tentar promover neles uma *atitude* filosófica, já que será ela que, eventualmente, dará lugar ao desejo de filosofar. Nesse marco, os textos filosóficos serão uma ferramenta central para o filosofar, mas não um fim em si mesmo. Compreender um texto é um passo no caminho da filosofia, e não o último.

Ainda que se possam fazer muitas coisas para que se filosofe em uma aula (ou se estabeleça um diálogo filosófico) nada o garante. Filosofar depende, em última instância, de uma decisão subjetiva, e não apenas em relação ao *querer ser filósofo*, mas porque supõe colocar em ato um pensamento e isto implica a novidade de quem o tenta. Não há planejamento de aula que possa dar conta da irrupção do pensamento do outro. Esse traço do ensino de filosofia não deve ser tomado como uma debilidade pedagógica, mas, pelo contrário, como uma fortaleza filosófica, já que constitui o momento em que, a partir da emergência de algo diferente, pode-se quebrar a repetição do mesmo.

Se utilizarmos o dito anteriormente como ideias reguladoras do ensino de filosofia, a reflexão sobre que didática desenvolver ou que metodologia empregar em um curso de filosofia ou em uma situação de aula adquire uma significação diferente. Já não será possível pensar uma didática da filosofia, como uma técnica de aplicação, de maneira independente das decisões filosóficas que o professor adote, dado que o "que" ensinar aparecerá sempre entrelaçado com o "como" fazê-lo e vice-versa. Se a *meta* de nossa metodologia é o filosofar, o "conteúdo" a ensinar deverá reunir a atividade filosófica, a atitude filosófica e o tema filosófico. Assim, cada situação de aula constitui um desafio filosófico inédito, porque se efetivamente se filosofa, dá-se lugar ao pensamento do outro, o que supõe, como dissemos, a irrupção de sua novidade.

Não haveria então uma maneira paradigmática – repetível por qualquer um de maneira exitosa –, de ensinar tal o qual tema da filosofia, já que o ensino filosófico se constrói no diálogo filosófico do dia a dia. Obviamente, há recomendações gerais que sempre são úteis para o ensino de qualquer disciplina. Por exemplo: distinguir momentos didáticos (início, desenvolvimento e conclusão de uma aula, de uma unidade ou de um ciclo), definir estratégias levando em conta o nível e as inquietudes dos alunos, escolher recursos variados, dispor de múltiplos critérios de avaliação que não apontem à mera repetição, mas à elaboração pessoal e coletiva, etc.

Então, se poderia supor que não é necessário planejamento de aulas ou a programação de uma disciplina? Em absoluto. O que se supõe é que cada planejamento estará construído com base nas inquietudes filosóficas do professor, e o convite ao filosofar de seus alunos; o que implica que, se for necessário, cada planejamento poderá ir modificando-se parcial ou até totalmente em função de seu objetivo fundamental: filosofar. Para que haja novidade, para que algo possa surpreender e desafiar os estudantes a pensar, e também ao professor, é preciso um plano inicial que se veja desbordado, deve estar presente um conjunto de saberes programados que sejam interpelados. Por esse motivo, se não há um plano, não há novidade, não pode haver desafio (na realidade, se não houvesse plano ou projeto, *tudo* seria novidade e, portanto, nada o seria). Se considerarmos o ensino de filosofia como filosófico, o professor deverá ser um filósofo que cria e recria cotidianamente um conjunto de problemas filosóficos e suas tentativas de resposta, e isso ele não fará sozinho, mas com seus alunos.

Pois bem, como planejar ou programar aulas em que o fundamental é a irrupção do pensamento do outro? Como planejar o que deve ultrapassar o próprio planejamento? Seria possível encontrar uma *didática mínima* que desse conta dessa possibilidade? Esses interrogantes, em se tratando do ensino de filosofia, talvez não tenham resposta. Seria difícil dizer que uma sequência determinada de passos didáticos possam conduzir finalmente ao filosofar. O que sim se pode colocar é um esquema básico de operatividade que reflete de maneira coerente as características que foram sendo mostradas (o professor como filósofo, a pergunta filosófica como possibilidade didática, o "que" fusionado com o "como", o convite a pensar).

Tal esquema deveria constar, pelo menos, de dois momentos: um de problematização, e outro de tentativa de resolução. Ou seja, distinguir didaticamente a construção (ou reconstrução) de um problema filosófico e a forma como se tenta resolvê-lo. No caso de se encontrar algum tipo de resposta ao problema elaborado, estaremos diante de uma nova possibilidade de problematização, agora em um nível de maior complexidade. Essa estrutura elementar não é uma novidade para a filosofia, já que é um de seus modos habituais de proceder. Mas, no que diz respeito ao seu ensino, nem sempre se costuma ser consequente com ela (lamentavelmente, o esquema fechado *exposição (explicação) - verificação (repetição) do "aprendido"* está mais estendido do que poderíamos suspeitar).

Por se tratar de um esquema mínimo, não supõe nem conteúdos nem posições filosóficas do professor, e, por sua vez, dá lugar ao pensamento dos estudantes na medida em que a problematização seja uma construção coletiva. Não haveria sentido que um problema filosófico fosse meramente "exposto" pelo professor, visto que, para que suas eventuais respostas adquiram significação para os alunos, estes deverão ter tornado próprio o problema (e não que, no melhor dos casos, se trate de uma inquietude somente para o professor). Do contrário, não se tratará senão de respostas estranhas a perguntas não formuladas e, como sabemos, isso não leva para além da repetição do mesmo.

O esquema sugerido (*problematização compartilhada - tentativa de resolução - nova problematização compartilhada - nova tentativa de resolução -...*) é formal e aberto, uma vez que não indica o "que/como" ensinar (em um sentido específico) nem como avaliar o acontecido em um curso. Cada professor atualizará ou "encarnará" em cada curso uma proposta concreta de problemas e uma tentativa de resolvê-los. Mesmo assim, tal esquema poderá ser levado em conta para qualquer tipo de atividade didático-filosófica, desde uma exposição (que deveria procurar ser, em alguma medida, dialogada e que, ao ser problematizada, expressará um pensamento em ato, do professor ou de um filósofo) até qualquer atividade de trabalho grupal (que se justificará a partir do intercâmbio de ideias dos integrantes em torno a um problema).

O (bom) professor de filosofia saberá significar a distância que há entre o que ele (supostamente) ensina e o que seus alunos (supostamente) apreendem. Não é tão importante que um professor transmita um conhecimento determinado, como que ponha em ato um pensamento (seu ou de um filósofo) e dê lugar ao pensamento do *outro* (seus alunos). Esse salto que há entre o pensamento de uns e o de outros faz com que nenhuma repetição seja, em um sentido estrito, possível. Uma das chaves do ensino é como cada "aprendiz" de filósofo dá esse salto ou completa esse espaço vazio; como cada um torna pessoal essa distância e dela se apropria. Isso é diferente da reprodução de um saber determinado ou a constatação de uma habilidade argumentativa, que é o único que um professor poderia, em um sentido estrito, *verificar*. Porque a verificação é o olhar do professor a que o aluno deverá se ajustar, com maior ou menor conformidade. E essa espécie de "controle de qualidade" quase nunca tem muito a ver com a filosofia, ao menos no sentido que nós a entendemos.

Na avaliação que corresponde à educação formal, sempre é outro quem decide, em última instância, quando alguém aprendeu. Implica a irrupção do institucional no ensino, o momento em que o professor atua como um autêntico funcionário do Estado. É ele quem deve dar testemunho – deve *acreditar* – que seus alunos alcançarão o mínimo que o Estado exige para passar a uma etapa posterior da aprendizagem. Isso é equivalente a dar fé de que esse aluno "aprendeu" o que o professor lhe "ensinou". No caso da filosofia, a questão é complexa porque, como sustentamos, no desejo de filosofar, ou na irrupção de um pensar, se joga a originalidade de cada um. Isso é, só quem começa a filosofar, por mais modesto que seja esse filosofar, estaria em condições de afirmar que "aprendeu" a filosofar. Porque esse vínculo com o saber é singular e irredutível. Não é possível julgar esse amar ou desejar o saber. Claro está, como indicamos, o que um professor pode fazer – e de fato é o que se faz em qualquer exame – é constatar a posse de alguma informação sobre a história da filosofia ou a aquisição de algumas habilidades argumentativas. Mas, num sentido estrito, só quem "aprende" filosofia poderia dizer "aprendi". Só ele poderia ser a medida *real* de sua aprendizagem filosófica, já que qualquer mudança *real* supõe uma transformação subjetiva. Poder pensar – no sentido que caracterizamos – a partir de certos saberes implica pensar-*se* também de maneira diferente com relação a esses saberes. Mas, para que a medida de uma aprendizagem seja fundamentalmente a autoconsciência do aprendiz, haveria que partir de uma confiança no outro que nenhuma educação tutelada pelo Estado estaria em condições de aceitar, porque perderia não apenas o poder de controle, mas também a capacidade instituidora.

Como indica Rancière (2008), mestre é quem mantém o que busca em *seu* rumo, em seu caminho pessoal de busca, não o que diz o que há que pensar e fazer. O que filosofa coloca em jogo algo próprio, um matiz de originalidade que excede o que qualquer professor pode planejar. O esboço de proposta didática sugerida trata de deslocar o professor da função usual de controlar e garantir a reprodução do mesmo, que está construída sobre a afirmação da ignorância do outro. Pelo contrário, pretende-se que o lugar de partida em todo ensino filosófico seja o que o outro sabe e pensa.

Como já afirmamos com insistência, o limite de toda estratégia didática é o surgimento do pensamento do outro, por isso ensinar/aprender filosofia (a filosofar) é uma tarefa compartilhada. Se a um professor não lhe importa o pensar de seus alunos o que ele faz é exercitar um monólogo do qual eles estão excluídos. O pensar de outros é a irrupção aleatória do diferente e constitui o desafio filosófico do professor-filósofo (já que dificilmente tem sempre à mão todas as respostas possíveis para qualquer pergunta), e não apenas um desafio didático. Nunca um aluno é *tabula rasa*. Sempre há algo (certos saberes, certas práticas) que se reacomodam a partir da irrupção do novo. Essa reacomodação ressignifica os saberes que antes se possuía; é uma composição subjetiva. Quando isso se dá, podemos dizer, em sentido estrito, que alguém pensou.

Uma vez mais: *Ensinar filosofia é dar um lugar ao pensamento do outro*. Não tem sentido transmitir "dados" filosóficos (isto é, informação extraída da história) como se fossem peças de uma loja de antiguidades com a qual os jovens não teriam qualquer relação. Não há sentido em tentar transmiti-los sem vivificá-los no perguntar dos alunos. A lógica do antiquário filosófico, que atesoura joias para oferecê-las a alguns poucos privilegiados, emudece o filosofar e mutila sua dimensão pública.

A filosofia não é uma questão privada, ela se constrói no diálogo. Ensinar significa retirar a filosofia do mundo privado e exclusivo de uns poucos para colocá-la aos olhos de todos, na construção coletiva de um espaço público. Por certo, em última instância, cada um escolherá se filosofa ou não, mas deve saber que *pode* fazê-lo, que não é um mistério insondável que apenas alguns atesouram. E, nisso, o professor tem uma tarefa fundamental em estimular a vontade.

Conclusões

I

Os estudos mais recentes sobre o ensino de filosofia foram progressivamente modificando o enfoque e a caracterização de seu campo problemático. Anos atrás, considerava-se que a questão "ensino de filosofia" não constituía um problema filosófico relevante, e ela era tida, em maior ou menor grau, como um caso especial da didática. Nessa linha, entendia-se a didática da filosofia como uma disciplina secundária, fundamentalmente operativa, na que era factível adaptar ao caso particular do ensino de filosofia um conjunto de técnicas e estratégias elaboradas no campo da didática geral.

Primava o parecer, bastante acrítico, de que, dada a existência de um corpo de conhecimentos chamado pela tradição de "filosofia", podia-se proceder pensando diversas "formas" de ensiná-lo como seria possível fazê-lo com os conteúdos de qualquer outra disciplina. Desde esse ponto de vista, o "objeto" a ensinar ou o "que" ensinar (a filosofia) não era considerado como influindo de maneira substancial no "como" fazê-lo e a tarefa se reduzia a encontrar as formas mais adequadas e eficazes para conseguir uma boa transmissão. "Ensinar filosofia" era visto como algo didaticamente posterior ao ensinar "em geral". Como consequência dessa perspectiva, assumia-se que, com relação à formação docente, seria possível ensinar a ensinar "em geral", para em seguida suprir de conteúdos essa formação geral com os conhecimentos disciplinares próprios do campo filosófico. A formação de um professor *de filosofia* consistia então em tentar unir duas instâncias que seriam geradas de maneira isolada: os saberes filosóficos e os saberes didáticos.

Na atualidade, começou-se a interpretar o ensino de filosofia como um campo complexo de problematização filosófica, com teorias e questões singulares estabelecidas com base na prática concreta de ensinar filosofia e da reflexão que a própria filosofia faz sobre o sentido e as condições de sua transmissão. Essa mudança de perspectiva serviu não somente para redefinir e enriquecer o espaço da "didática especial em filosofia", mas também possibilitou que a relação entre o ensino de filosofia e as diferentes disciplinas do campo da educação tivesse deixado de ser uma simples aplicação das segundas à primeira para converter-se em um importante âmbito de diálogo interdisciplinar.

Neste trabalho, que se inscreve nessa mudança conceitual de perspectiva, sustentamos que, qualquer que seja a proposta didática que se formule, ela terá como condição de possibilidade um conjunto de decisões filosóficas. Essas decisões são as que devem ser tomadas com respeito ao que se entende por filosofia, por filosofar e por "ensinar" *filosofia*. Isto é, que o "como" se ensinará não será independente do "que" vai ser ensinado. Como consequência, tentou-se justificar que as metodologias ou estratégias de ensino terão supostos basicamente filosóficos, e não exclusivamente didáticos. Depreende-se do anterior que o professor deve realizar um exercício filosófico – e não somente técnico – na preparação e prática de ensinar filosofia.

II

Postularemos que a continuidade na transmissão dos saberes estabelecidos, que pressupõe toda educação institucionalizada, pode ser interrompida de maneira criativa. Os cursos filosóficos são espaços privilegiados para pensar a lógica de tal continuidade e a eventualidade das descontinuidades, e, até, como o mesmo pensamento pode constituir-se em uma descontinuidade com respeito aos saberes filosóficos repetitivos, ou dogmáticos. Pois bem, conforme se ocupem esses espaços – seja privilegiando a transmissão escolar de alguns conhecimentos tradicionais da filosofia, seja potenciando a novidade que implica o pensamento filosófico em ato –, a relação entre a filosofia e a educação institucionalizada adquirirá uma conotação e uma potencialidade diferentes. Todo curso genuinamente filosófico deveria significar, de maneira fundamental, um encontro com o pensar que suponha a decisão de relacionar-se com os saberes de uma maneira inédita. Essa decisão será uma aposta subjetiva tanto daqueles que "aprendem" filosofia como daqueles que a ensinam.

Fica claro que a educação formal – ao estar integrada a uma política de Estado por meio dos programas curriculares oficiais e as normas escolares –, difunde um determinado tipo de relação com o saber. Isto é, as instituições educativas, para além de seus matizes, homogeneízam uma forma de vínculo entre o que (em princípio) não sabe – o estudante–, o que (em princípio) sabe – o professor –, e o saber. A consolidação dessa relação constitui um dos aspectos fundantes da educação concebida como uma estrutura de repetição. A filosofia, e consequentemente o seu ensino, não somente deve desnaturalizar as relações estabelecidas que limitam o "saber filosófico", mas também as relações estabelecidas que limitam todo saber. Isto é, deverá extremar-se o sentido mesmo da filo-*sofia*.

Depreende-se do dito até aqui que a pretensão de um curso filosófico deveria ser tentar que aqueles que estudam filosofia venham a ser, em alguma medida, "filósofos". Ou que possam aproximar-se do interior do mundo da filosofia e experimentarem a maneira que os filósofos e as filósofas têm de encarar o mundo. Se o conseguem, poderão estabelecer uma relação com o saber, consigo e, em consequência, com os demais, muito diferente à que surgiria da mera transmissão de certos conhecimentos de um lado a outro.

De fato, o "conhece-te a ti mesmo" socrático supõe uma alteração subjetiva em relação ao saber. Algo acontece que recompõe a relação que cada um mantém com o saber, terá ocorrido uma instância de subjetivação. Podemos inferir disso, então, que toda a aprendizagem deveria ser, no fundo, uma autoaprendizagem já que cada um deve participar na apropriação do saber.

O ensino das ciências, por exemplo, privilegia os saberes que *devem* ser aprendidos. O ensino de filosofia, no entanto, detém-se no tipo de relação que se pode estabelecer com os saberes. Portanto, a filosofia supõe, constitutivamente, essa volta sobre si que implica a apropriação do mundo.

Se há algo que podemos chamar uma subjetivação filosófica, isto é, que alguém em um processo de aprendizagem assume a atitude de interpelar os saberes (e não simplesmente reproduzi-los), é quando alguém pensa – e portanto *se pensa* – em relação com os conhecimentos e as práticas que são dominantes.

III

Se analisarmos o processo que conduz a ensinar filosofia, poderíamos estabelecer algumas instâncias ou momentos característicos. Certamente, seria possível identificar muitos outros ou organizá-los de maneira diferente. Mas nos pareceu que os que aqui foram apontados respondem mais ajustadamente às colocações desenvolvidas ao longo do livro. Não se trata, por certo, nem de uma prescrição nem de uma descrição do processo, mas da postulação de uma estrutura mínima – e, portanto, carente de conteúdos específicos – que ajude a tornar inteligível a questão "ensinar filosofia", como problema filosófico e como problema didático.

Assinalaremos quatro "momentos" que, para facilitar seu reconhecimento, serão indicados em separado e que constituem um conjunto dinâmico em que cada um deles está integrado aos restantes.

1. Momento reflexivo crítico

Tem por eixo a interrogação *quem* vai ensinar? Corresponde à revisão daquilo que faz que quem vai ensinar seja *quem é*, desde o ponto de vista filosófico e didático. Supõe a reapropriação pessoal crítica dos saberes e experiências que foram conformando a subjetividade docente do ensinante. Implica a análise permanente da própria formação e o esclarecimento da concepção de filosofia, de filosofar e de ensinar filosofia que serão levadas para a aula. Supõe também, como consequência, a caracterização do tipo de vínculo conceitual que se assume entre o "que" ensinar e "como" fazê-lo.

2. Momento teórico/propositivo (ou de fundamentação)

Está centrado no *por que* ensinar filosofia? Constitui a instância específica de *problematização* da questão ensinar filosofia desde as posições filosóficas próprias, e da outorga de um significado ao ensino de filosofia. Supõe a construção explícita ou implícita, por parte de cada docente, de um projeto pessoal de ensino como hipótese filosófico-pedagógica. Trata-se de uma "hipótese" porque constitui o suposto teórico desde o qual se desenharão as propostas didáticas concretas, algo que somente se pode realizar quando estiver definido: o nível de ensino ao qual estarão orientadas, o contexto sociocultural e institucional, etc.

3. Momento didático

Corresponde à circunstância pontual de organização de uma proposta didática em condições definidas. Implica a escolha "que" se vai ensinar e, de maneira coerente, "como" se vai fazê-lo, em circunstâncias específicas. A coerência entre o que e o como ensinar se constrói didaticamente a partir dos supostos filosóficos que se sustentem (momentos 1 e 2) e de uma cuidadosa avaliação e consideração do marco institucional no qual terão lugar as aulas. Nesse ponto, é essencial compreender *a quem* estão dirigidas essas aulas ou, melhor ainda, *com quem* o professor constrói o espaço filosófico de ensino, já que cada grupo será uma realidade diferente e, portanto, um espaço diferente para a filosofia. O êxito de um curso dependerá, em definitivo, de uma integração ativa de todos esses elementos.

4. Novo momento reflexivo crítico

Retorno a 1, mas em um plano diferente, porque aparecem agora todos e cada um dos momentos integrados em um processo reflexivo permanente sobre a prática. Se a pergunta "que é ensinar filosofia?" é filosófica, ela não se detém nunca e o horizonte de suas respostas se atualiza a partir da experiência de ensinar e a vontade filosófica do professor de continuar indagando. Que, em sentido estrito, toda formação seja, como afirmamos, uma "autoformação" significa que não se termina nunca de aprender a ensinar, e, para que alguém possa ser sujeito dessa aprendizagem, deve assumir a decisão de sê-lo. Isso implica uma grande responsabilidade, mas também a enorme liberdade de decidir o próprio trajeto de filósofo ou filósofa ensinante.

Bibliografia referencial

Textos do autor publicados anteriormente que serviram de fontes para este livro:

Filosofía, escuela y mundo del trabajo: reflexiones para un diagnóstico de aprendizajes filosóficos. *Novedades Educativas*, v. 10, n. 96, p. 57-59, 1998.

Autonomía y/o gobernabilidad: los límites políticos de la enseñanza filosófica institucionalizada. *Actas del XIV Congreso Interamericano de Filosofía y X Congreso Nacional de Filosofía*, Asociación Filosófica de México, Benemérita Universidad Autónoma de Puebla (con M. Cabrera), CD ROM, 1999.

La enseñanza filosófica y la reflexión sobre el presente. In: KOHAN, W. ; WAKSMAN, V. (Comp.). *Filosofía para Niños. Discusiones y propuestas*, Buenos Aires: Ediciones Novedades Educativas, 2000. p. 119-126.

Política de la enseñanza institucionalizada de la filosofía. *Educação e Filosofia*, XV, n. 30, p. 103-116, jul.-dic. 2001 (con M. Cabrera).

Los límites de la enseñanza filosófica en la escuela. *XI Congreso Nacional de Filosofía*, Tomo I, Salta, Asociación Filosófica de la

República Argentina/Escuela de Filosofía, Facultad de Humanidades, Universidad Nacional de Salta, 2003. p. 50-55.

La política del Maestro ignorante: la lección de Rancière. *Educação & Sociedade*, v. 24, n. 82, p. 299-308, abr. 2003.

Ensino da filosofia e filosofia do ensino filosófico. In: GALLO, S. *et al.* (Org.) *Filosofia do Ensino de Filosofia*. Petrópolis: Vozes, 2003. p. 61-69.

Enseñar filosofía: de la pregunta filosófica a la propuesta metodológica. *La enseñanza de la filosofía*, número monográfico de *Novedades Educativas*, v. 17, n. 169, p. 8-14, enero 2005.

Enseñanza de la filosofía y Estado. In: KOHAN, W. (Comp.) *Teoría y práctica en filosofía con niños y jóvenes. Experimentar el pensar, pensar la experiencia*. Buenos Aires: Novedades Educativas, 2006. p. 245-252.

Enseñanza filosófica: notas para la construcción de un campo problemático. *Educação e Filosofia*, Dossiê "Ensino de Filosofia", v. 22, n. 44, p. 43-54, jul./dez. 2008.

"Formar" profesores, "formar" filósofos. In: CERLETTI, A. (Comp.) *La enseñanza de la filosofía en perspectiva*. Buenos Aires: Eudeba, 2009. p. 79-87.

Bibliografia geral

BADIOU, A. *La ética*. México: Herder, 2005.

BADIOU, A. La filosofía como repetición creativa. *Acontecimiento*, v. 17, n. 33-34, p. 123-131, 2007.

CERLETTI, A. *Repetición, novedad y sujeto en la educación. Un enfoque filosófico y político*. Buenos Aires: Del Estante Editorial, 2008.

CORNU, L. *et al.* Los filósofos se preguntan sobre educación (*Dossier*). *Propuesta Educativa*, v. 5, n. 9, p. 5-74, oct. 1993.

CORNU, L.; VERGNIOUX, A. *La didactique en questions*. Paris: CNDP-Hachette, 1992.

COUTEL, Ch. Didactique, pédagogie, philosophie. *L'école des philosophes*, n. 1, p. 53-73, jun. 1991. ("La Philosophie et sa Pédagogie").

DAVINI, M. C. *La formación docente en cuestión: política y pedagogía*. Buenos Aires: Paidós, 1995.

DELEUZE, G.; GUATTARI, F. *¿Qué es la filosofía?* Barcelona: Anagrama, 1993.

DELEUZE, G.; PARNET, C. *Diálogos*. Valencia: Pre-textos, 2004.

DERRIDA, J. Dónde comienza y cómo acaba un cuerpo docente. In: Grisoni, D. *Políticas de la filosofía*. México: FCE, 1982. p. 57-108.

DERRIDA, J. *Le droit à la philosophie du point de vue cosmopolitique*. Vendôme: Unesco-Verdier, 1997.

DOUAILLER, S. *et al*. *La Philosophie saisie par l'État*. París: Aubier, 1988.

FOUCAULT, M. *El orden del discurso*. Barcelona: Tusquets, 1993.

FOUCAULT, M. ¿Qué es la ilustración? *Saber y verdad*, Madrid: La Piqueta, 1991. p. 197-207.

FREIRE, P. *Pedagogía del oprimido*. México: Siglo XXI, 1996.

FRIGERIO, G. (Comp.) *Educar: Rasgos filosóficos para una identidad*. Buenos Aires: Santillana, 2002.

FRIGERIO, G.; DIKER, G. (Comps.). *Educar: ese acto político*. Buenos Aires: Del Estante Editorial, 2005.

FRONDIZI, R. ¿Qué es la filosofía? *Ensayos filosóficos*, México: FCE, p. 45-58, 1986.

GIMENO SACRISTÁN, J. Profesionalización docente y cambio educativo. In: ALLIAUD, A.; DUSCHATZKY, L. *Maestros: Formación, práctica y transformación escolar*. Buenos Aires: Miño y Dávila, 1992. p. 113-144.

GRAU, O. Reflexión en base a una pregunta: ¿puede el deseo por la filosofía ser enseñado? *La U*, revista de la Universidad Nacional de San Juan, n. 29, p. 26-27, 2007.

HABERMAS, J. La flecha en el corazón del presente. In: *Ensayos Políticos*. Barcelona: Península, 1988. p. 98-103.

HABERMAS, J. ¿Por qué aún filosofía? In: *Sobre Nietzsche y otros ensayos*. Buenos Aires: REI, 1982. p. 62-88.

HORKHEIMER, M. La función social de la filosofía. In: *Teoría Crítica*. Buenos Aires: Amorrortu, 1990. p. 272-289.

JACQUES, A. (1848) De l'enseignement public de la philosophie. In: DOUAILLER, S. *et al*. *La Philosophie saisie par l'État*. París: Aubier, 1988. p. 345-352.

JOSÉ, E. T. (Comp.). *Propuestas para enseñar a filosofar*, v. 1, n. 2 y 3, Salta: Universidad Nacional de Salta, 1999-2001.

KANT, E. ¿Qué es la ilustración? In: *Filosofía de la historia*. México: F.C.E., 1985. p. 25-38.

KOHAN, W. *Infancia, política y pensamiento*. Buenos Aires: Del Estante Editorial, 2007.

LARROSA, J. *Pedagogía profana. Estudios sobre lenguaje, subjetividad, formación*. Buenos Aires: Novedades Educativas, 2000.

LARROSA, J. Sobre la enseñanza de la filosofía. In: *La experiencia de la lectura. Estudios sobre literatura y formación*. Barcelona: Laertes, 1998. p. 421-432.

LYOTARD, J.-F. *La posmodernidad (explicada a los niños)*. Barcelona: Gedisa, 1994.

LYOTARD, J.-F. *¿Por qué filosofar?* Barcelona: Paidós/ICE-UAB, 1989.

MACHEREY, P. Faire de la philosophie en France aujourd'hui. In: MARCHAL, F. (Coord.). *L'enseignement de la philosophie à la croisée des chemins*. París: CNDP, 1994. p. 113-136.

OBIOLS, G. Las grandes modalidades de la enseñanza filosófica. *Paideia*, v. 10, n. 4, 1989.

OBIOLS, G. *Una introducción a la enseñanza de la filosofía*. Nueva edición. Buenos Aires: Libros del Zorzal, 2008.

OBIOLS, G.; RABOSSI, E. *La enseñanza de la filosofía en debate*. Buenos Aires: Novedades Educativas, 2000.

OBIOLS, G.; RABOSSI, E. *La filosofía y el filosofar. Problemas en su enseñanza*. Buenos Aires: CEAL, 1993.

QUIROGA, H. *et al.* (Comp.) *Filosofías de la ciudadanía. Sujeto político y democracia*. Rosario: Homo Sapiens, 2001.

RAMOS, F. J. El espacio público de la filosofía. *Diálogos*, n. 66, p. 117-136, 1995.

RANCIÈRE, J. *El maestro ignorante*. Buenos Aires: Libros del Zorzal, 2008.

SALAZAR BONDY, A. *Didáctica de la filosofía*. Lima: Universo, 1967.

SPINOZA, B. Carta a J. Luis Fabricio, Profesor de la Universidad de Heidelberg y Consejero del Elector Palatino (30 de marzo de 1673). In: *Epistolario de Baruch de Spinoza*. Buenos Aires: Milá-Editor, 1988, p. 153.

TERHART, E. Formas de saber pedagógico y acción educativa o, ¿qué es lo que forma en la formación del profesorado? *Revista de educación*, n. 284, p. 133-158, 1987.

TOZZI, M. *et al. Apprendre à philosopher. Dans les lycées d'aujourd'hui*. París: Hachette, 1992.

VERMEREN, P. *Amadeo Jacques. El sueño democrático de la filosofía*. Buenos Aires: Colihue, 1998.

WAKSMAN, V.; KOHAN, W. *Filosofía con niños. Aportes para el trabajo en clase*. Buenos Aires: Novedades Educativas, 2000.

Qualquer livro do nosso catálogo não encontrado nas livrarias pode ser pedido por carta, fax, telefone ou pela Internet.

Rua Aimorés, 981, 8º andar – Funcionários
Belo Horizonte-MG – CEP 30140-071

Tel.: (31) 3222 6819
Fax: (31) 3224 6087
Televendas (gratuito): 0800 2831322

vendas@autenticaeditora.com.br
www.autenticaeditora.com.br

Este livro foi composto com tipografia Minion
e impresso em papel off set 75 g na TCS Soluções Gráficas.